文庫ぎんが堂

モテとか愛され以外の恋愛のすべて

桃山商事

はじめに

ワッコ

（係長）

1987年千葉県生まれの
会社員、未婚

清田隆之

（代表）

1980年東京都生まれの
文筆業、既婚

森田雄飛

（専務）

1980年東京都生まれの
会社員、既婚

みなさんこんにちは。
恋バナ収集ユニットの桃山商事です。
わたしたちは、おもに女性のみなさんから寄せられる
恋愛のお悩みを、自分たちも唸《うな》りながら一緒に考えていく
「失恋ホスト」というちょっと変わった活動を
しているのですが、その傍らで、これまでに見聞きした
エピソードや自分たちの経験をもとに
〝細かすぎる恋愛の話〟を紹介するコラムを、
「cakes」というウェブサイトで連載しています。

恋愛でもっとも取り扱い注意かもしれない“食事”の話

はじめに

本書の元となったその連載で
人気を集めた回をご紹介しますと、

↓
恋愛でもっとも取り扱い注意かもしれない〝食事〟の話
↓
恋人未満のザワつきを楽しむ!? フラートという男女関係
↓
浮気彼氏の〝フルチン土下座〟を許せなかった理由
↓
「自分史上最高のエロ」をみんなに聞いてみた
↓
元カレの思い出が「過去」になる瞬間

……一見、なんのこっちゃという回もありますが、
紹介したエピソードに対して、多くの人が我がことのように
共感してくれたようです。

はじめに

恋愛という舞台では、誰もが主役として
真剣に悩み、喜び、涙を流し、笑います。
だからでしょうか、「浮気彼氏」や
「自分史上最高のエロ」の話をしていたはずなのに、
ふと人間の芯の部分やコミュニケーションの
本質に触れた気がする瞬間があります。
トンネルをひたすら掘り進めたら、
思いがけない場所に出てびっくりするみたいな感じです。

何気ないエピソードも、
掘ると人間の本質につながる!

モテや愛され以外の恋バナもおもしろい！

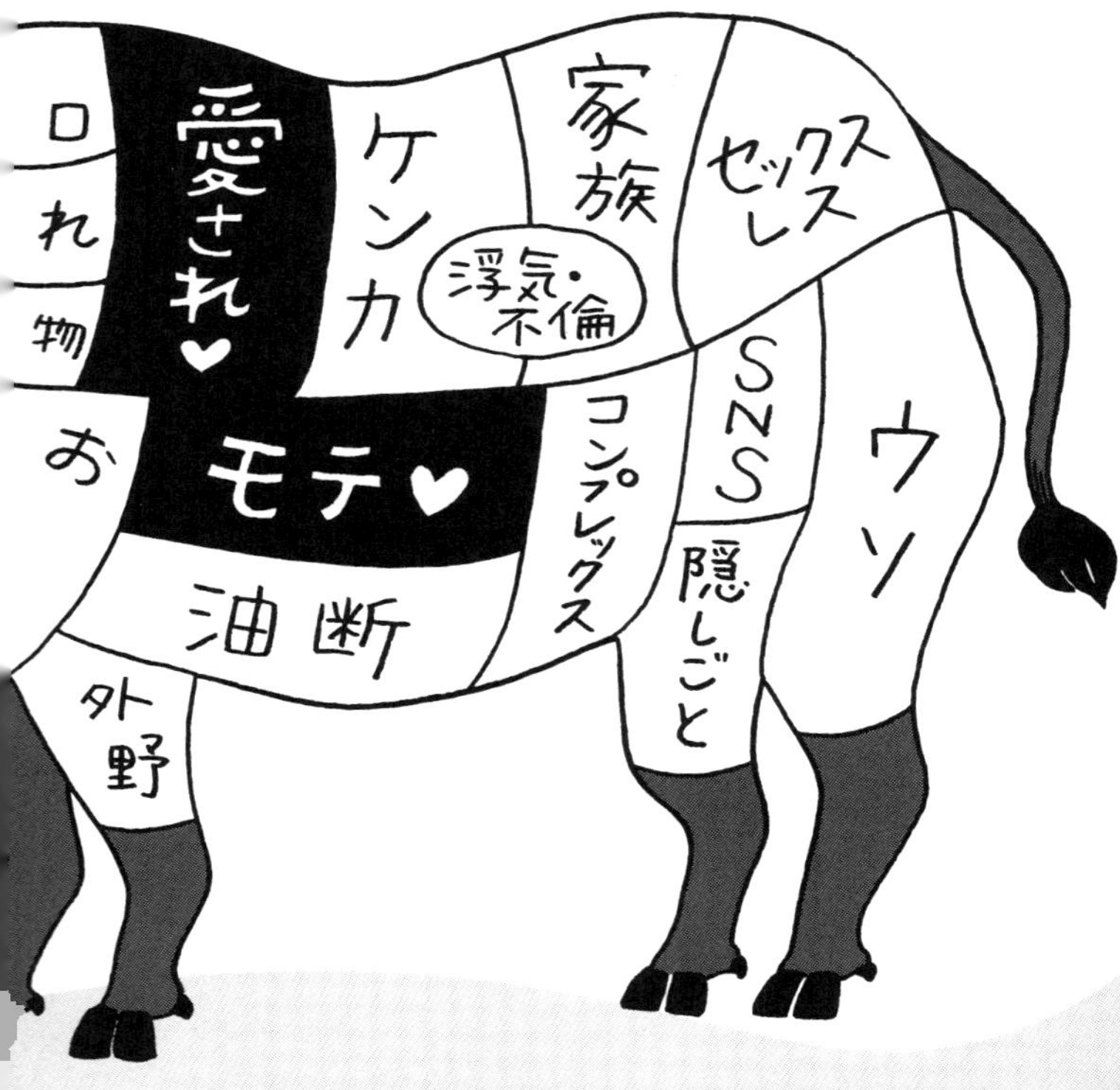

はじめに

また、
「恋愛の話」
というと
モテとか愛され
といった話題が
注目されがちですが、ちょっと目を凝らしてみると、
些細なことからシリアスなことまで、
多様な問題が潜んでいることにも気づかされます。
この本では、毎回ひとつのテーマを設けてワイワイと恋バナを
繰り広げ、自分たちなりに恋愛を捉え直していきます。

モテとか愛され以外の恋愛のすべて　もくじ

01 恋愛と食事

02 恋愛とお金

03 恋愛と遊び

04

フラート入門

05

自分史上最高のエロ

06 恋愛遺産

07 恋愛と油断

08

ケンカの火種

09

カレシの知らない私

10 恋愛と親子関係

11 恋愛と謝罪

01

恋愛と食事

はじめてのデートから、
誕生日や記念日、
はたまたなんでもない日常の1日まで。
恋愛において食事は、まるで
空気のように存在するイベントです。
でも改めてスポットライトを当ててみると、
「食べ方が気になる」、「食の趣味が合わない」、
「スタンスがズレている」などなど、
普段なんとなくやり過ごしがちな
問題が見えてきます。

森　田　食事っておそらく恋愛でもっとも機会の多いイベントだよね。「ゴハンに行く」はデートの基本形だし、映画や旅行に行っても、ほぼ食事がセットになる。

ワッコ　普段そうやって意識したことないけど、改めて言われると確かにって思いますね。

清　田　ただささ、「恋愛と食事」っていうと、世間的にはなぜか「オススメのお店」ばかりに話が行きがちで。

森　田　東京いい店やれる店、的な。

清　田　それはちょっと古いけど。

ワッコ　今だったら**東京カレンダーなんですかね**。ウェブ版で連載している小説とか、異様にギラギラしてておもしろいんですよね。ハイスペな男性と都内のシャレた飲食店が絶対出てくるし。

清　田　お店の話も面白いんだけど、トピックは他にもたくさんある。食の好みの相性とか、唐揚げにレモンをかけるかどうかとか。

ワッコ　食べ方が気になるとか！　めっちゃありますね。

相手の〝食べ方〟が気になる場合はどうすれば？

清田　食べ方が気になる系のエピソードでいうと、女友達から「**元カレの食べ方がイヤだった**」という話を聞いたことがある。

ワッコ　汚かったってことですか？

清田　いや、むしろキレイで、その**〝計算〟し尽くされた食べ方がイヤだったみたい**。

森田　計算？

清田　そのカレは食事のとき、「おかずA↓おかずB↓ご飯↓味噌汁↓おかずA……」みたいに、順序よく食べる人だったらしいのね。だから最終的にバランスよく食べ終えることになる。彼女はその感じにいつもイラっとしていたらしい。

森田　そういう意味か～。おかずは全部食べちゃったけどご飯はほぼ残ってるみたいなことがないわけね。それっていわゆる「三角食べ」で、いいものとされることも多いよね。

ワッコ　彼女はなんでイラっとしていたんですか？

清田　カレのその食べ方を見るたびに、「この人いっつもこういう感じだよな……」と思うようになったらしい。彼女いわく、何事もバランス重視だけどそれがどことなくみみっちいところや、失敗を恐れて冒険をしないところが、カレにはあったみたいで。

森　田　食べ方自体というよりは、そこに現れるカレの生き方がイヤだったと。

ワッコ　なんか**占いみたい**ですよね。「こういう食べ方が出てる人は××だ」みたいな。

森　田　心理学系の診断テストのような感じもするね。

ワッコ　わたしの女友達はよく、**魚の開きをうまく食べられない男はマザコンで、女に家事を任せてくる**という持論を語ってます。自分自身の統計から導き出した診断方法だそうです。

清　田　偏見がすごいけど、なんかわかる気もする。

ワッコ　彼女は、魚の開きを食べるのが下手な男性にちょくちょく遭遇するらしいんですね。あと、そもそも切り身は食べるのに、開きを選ばない男とか。そういう人を見ると、「どうせママになんでもやってもらってたんだろ！」と思うみたいで……**開きは試金石**と言ってました。

清　田　試金石！

ワッコ　ちなみにその女友達は、迎え舌も苦手だそうです。特に、**ハイボールを飲むときに舌を氷と氷の間に入れてまさぐる人**がイヤみたいで。

清　田　氷とディープキスしがちな男……俺の友達にもいるなあ。

森　田　今の話に便乗すると、俺はぺちゃぺちゃと咀嚼音を立てる食べ方が生理的に苦手だなー。かつて付き合っていた女性がそういう食べ方をする人で、思い出すに、当時の俺は食事のときはそこにできるだけ意識を向けないようにしていた。

清　田　見ざる聞かざる戦略というか、**「他の部分は好きだから、そこだけ見ないことにしよう」**みたいに思うときってあるよね。

ワッコ　あるなあ。あと、食べ方って無意識でやってることがほとんどだから、コントロールするのは難しいですよね。

清　田　逆に、気になるからといって相手に「やめてくれ」という権利もないし……。

森　田　あ、そういえば、珍しい食べものが出てきたときに清田が鼻を近づけてクンクン確認するのはちょっとイラッとするかも。こっちがおいしく食べてるものだと、なおさらね。

ワッコ　ストレートなダメ出し！

森　田　ふふふ。ずっと気になってたんだけど言えなかったんだよね。

清　田　そうだったんだ……。知らない食べものが怖いんです、私。

森　田　恋人の食べ方についてストレートに注意する人もいるよね。我々のニコ生番組

（※1）の常連恋バナ投稿者〝いつもの先輩〟（※2）は、**「魚の焦げ」についてカノジョにうるさく言われた**経験があるんだって。カノジョは「魚の焦げを食べると癌になる」という説をかたくなに支持していたみたいで。（※1　ニコニコ生放送の番組「桃山商事の恋愛よもやまばなし」。毎回ひとつのテーマについて恋バナしていく番組で、この本のベースになっている／※2　森田が普段勤めている会社の先輩男性。1977年生まれ）

ワッコ　あ〜、うちの母親とかも、それ言ってました。

森　田　対する〝いつもの先輩〟は焦げも含めて魚が好きだから、そこもおいしく食べていた。それを見るとカノジョは心底イヤそうな顔をして、**「癌になるから食べないほうがいいよ」**と繰り返し言ってきたらしい。

清　田　カノジョからしたら、健康を気づかっての言葉なんだろうけど。

森　田　そうなんだよね。でも先輩がどうしても腑に落ちなかったのが、**そんなカノジョがヘビースモーカーだった**ことで……。

ワッコ　焦げを気にする前に禁煙しろよ的な案件ですね。

森　田　そうそう。でもカノジョからしたら、多分それとこれとは別の話なんだとは思うけどね。

「カノジョのつくったチャーハン食べてきてんだよ」

森田　次は俺の女友達のエピソードで、**恋人との食事がなかった**という話です。

ワッコ　なかった？

森田　その当時、彼女は「同棲中の恋人がいる男性」と付き合っていて、いわゆるセカンドの存在になっていたんだよね。その男性は時間が不規則な仕事をしていたらしく。会うのはいつも夜遅い時間だったから会っても食事をしないことが多かった。

ワッコ　セカンドあるあるですね。深夜だけの関係ツライ！

清田　心が乾く……。

森田　まわりからすると、「そんなやつやめろ」と思うよね。彼女には一歳上のお姉さんがいて、その当時は姉妹ふたりでルームシェアしていたんだけど、ことあるごとにカレとの関係について反対されていたみたい。

清田　でも、やめたほうがいいのは本人が一番わかってるんだよね。

森田　そうなんだよ。だから次第に、お姉さんもうるさく言わなくなった。けどある日、いつものように夜遅い時間に家を出る支度を彼女がしていたら、お姉さんがすっと横に来て**「その男はあんたと会う前に、家で恋人のつくったチャーハン食べてきてんだよ」**と低いトーンで言ったんだって。

清　田　チャーハン？

森　田　そこはお姉さんの妄想ではあるんだけど、彼女は**「ああ、それはすごくイヤかも」**と思ったそうだよ。それでほどなくしてカレとの関係を解消した。

ワッコ　「チャーハン」というワードによってリアルにイメージできたからこそズシンときたんでしょうね。わたしはその男が、「家で本命カノジョがつくったチャーハン食べながらセカンド彼女とのセックスを考えてる」ってところを想像してしまい、さらにムカつきました。

清　田　同棲中のカノジョからしても失礼すぎる話だよね。

ワッコ　**サクッとチャーハン食って、他の女とサクっとセックス**……ああ、死んでほしい。

森　田　恋人同士の関係では当たり前にあるはずの時間が、深夜だけの関係には存在しないわけだからねえ。

ワッコ　セカンドの関係は周囲から隔絶された〝孤島〟だからほんとにツライんですよ。

わたしも、はじめてセックスした相手に婚約者がいて、似たような状況になってたことがありまして……。まさに、そんな感じだったなぁ。

清　田　マジか。

ワッコ　彼はわたしを婚約者と住んでる家に呼び出すんですが、セックスが終わると、コンドームやティッシュをビニール袋に入れて、コンビニのゴミ箱に速攻で捨てに行ってました。**射精したら2秒でコンビニ**みたいな……。さっきのチャーハンの話を聞いて、わたしはその当時のことを思い出してました。

森　田　つらい記憶の蓋を開けちゃったかな……。

ワッコ　もはや全然大丈夫です。でも、**自分の存在を消される**ってすごくこたえるんですよ。それも含めて「察しろよ？」みたいな感じも出されるし。あの〝孤島〟を思い出すと死にたくなります。

森　田　恋愛は基本的に「私とあなた」という密室で行われるものではあるんだけど、通常だと外の世界とも緩やかな形でつながってるんだよね。

清　田　外とのつながりは風通しの良さを生むし、セーフティーネットになることもある。一方、不倫や浮気で〝孤島〟が長く続くと、**「そこが世界のすべて」みたいな感覚**も生まれてしまう。まさにガラパゴス化……。

ワッコ　ちょっとした洗脳みたいですよね。わたし自身、「不毛だなぁ」と思いつつも、呼ばれるとつい行ってしまう状態が半年くらい続きました。

森　田　それだけ好きだったたってこと？

ワッコ　いや、**「仕事断れない」みたいな感覚**に近かった気がします。

清　田　めっちゃわかる。俺も〝断る力〟が極端に弱いので、もしもワッコの立場だったら、断る自信はないかも。

森　田　ふたりはそういうところが似てるよね。

清　田　にしても、チャーハン男やコンビニダッシュ男みたいに**「セックスはしたいけどコミュニケーションは取りたくない」**という男性の話は失恋ホストでも本当によく聞くよね。

ワッコ　そこ、わたしがずっと謎に思ってるとこなんですよ。だって**射精だけならTENGAで十分じゃないですか**。そのほうが本人も楽だろうし。なのになぜわざわざセックスを求めるのか……。

森　田　性欲だけでは説明しきれないものがあるのは確かだよね。

楽しみな食事の前に、おにぎりと唐揚げを食べるカレシ

森　田　我々の番組にいつもエピソードを寄せてくれる常連投稿者の〝漁師の娘〟さん（※）は、食事の前にカレシとすれ違いを感じたことがあったと言っていた。（※森田の元同僚の女性。投稿名の由来は、実父が漁師であることから。1984年生まれ）

清　田　「食事の前」っていうのはどういうこと？

森　田　これは娘さんがカレシと車で旅行したときの話で、目的地に着くのが夜になるから、ふたりで現地の美味しいお店を調べて、ディナーの予約をしておいたんだって。

ワッコ　それはテンション上がりますね！

森　田　旅行の当日、お昼すぎに家を出て、夕方の4時頃に高速道路のサービスエリアに立ち寄った。そしたらカレが、**おもむろに唐揚げとおにぎりを買って食べはじめたらしい**。

ワッコ　ディナーが控えてるのに？

森　田　娘さんもカレのその行動に驚いて、「あれ、食べるんだ？」って聞いたら、「うん、お腹が空いちゃったから。でも夜ごはんもちゃんと食べるよ」と答えた。それに娘さ

んはモヤモヤし、テンションが下がってしまった。

ワッコ　娘さんの気持ち、すごーくわかります。こっちはその日の行動を夜ご飯に合わせて調整してるのに！って思いますよ。

森　田　まさにそのことを娘さんも言ってたよ。ディナーへのモチベーションにギャップを感じて、さみしい気持ちにもなったみたい。

清　田　それは確かにさみしいなと思う一方、ジャンクフード好きな俺としては、カレの気持ちもわかるような気がしてしまい……。

ワッコ　この問題、**唐揚げの有無が大きい**ですよね。これがあるとないとで、印象がだいぶ変わる気がします。

清　田　運転手の立場で考えると、空腹は集中力を削ぐものだから、何かお腹に入れることと自体は必要だと思う。でも、カレの唐揚げというチョイスは、そういった「必要性」ではなく、どちらかというと「欲望」に根ざしたもののように感じる。これってさ、たとえるなら**セックスの前にオナニーしちゃうようなもの**だよね。

ワッコ　なるほど……。「なにひとりで抜いてんだよ！」みたいな。

森　田　だからカレが主張したように、「一緒に夜ご飯を食べればいい」という話ではないと思うんだよね。そもそも食事には相手と時間を共有するという目的もあるわけで、できるだけ気持ちの波を揃えて臨みたいと思うのは自然ではないかなと。

清　田　そういう思いと、ジャンクなフードが煽ってくる欲望とのせめぎ合い。めっちゃあるなあ。自分も欲望に負けがちで、相手を落胆させた経験は数知れず……。

フード左翼とフード右翼のすれ違い

清　田　ライターの速水健朗《はやみずけんろう》さんが『フード左翼とフード右翼　食で分断される日本人』（朝日新書）という本を書いていて、食の志向を政治思想と関連づけて次のページの図のように分類していた。唐揚げって、この本で言うところの〝**フード右翼**〟**的食べもの**だよね。

森　田　そうだね。さっきの話に出てきた高速のサービスエリアはフード右翼パラダイスで、串のステーキやご当地B級グルメが幅をきかせてるイメージがある。

清　田　**俺は根っからのフード右翼**なのでそういうものに目がなく……お腹が空いてたら唐揚げや串のステーキに誘惑されちゃうと思います。

森　田　ワッコはグルメだけど、右翼的なものも食べる？

フード左翼とフード右翼

フード左翼	フード右翼
ベジタリアン	ジロリアン
有機野菜	遺伝子組み換え作物
スローフード運動	ファストフード
地産地消	B級グルメ
マクロビオティック	ジャンクフード

『フード左翼とフード右翼 食で分断される日本人』(速水健朗)を参考に作成

ワッコ　わたしは基本的にフード左翼なのですが、仕事で疲れたときとかに、友達と「食べちゃう⁉」みたいなノリでジャンクフードを食べるのは好きですね。みんなで悪いことしちゃおうぜ的な。

清田　右翼的な食べものは勢いが出るよね。「シメに家系ラーメン行っちゃいますか！」みたいな。って、昔知り合いに「豚みたいなもん食ってるな」ってディスられたことあるけど……。

ワッコ　いやいや、ブヒブヒするの最高ですよ！　わたしはよく、**お風呂でカップ焼きそばを食う**んですけど、気持ちが妙に高まるんですよね。その場で湯切りもできて便利だし。

森田　合理的だ……。

清田　フード右翼として思うのは、脂っこ

くて味の濃いものを食べるって、**手っ取り早い欲望の処理**なんだよね。「約束された快楽を買いに行く」という点で性風俗にも似ている。ドーパミンがドバドバ出る感じがするから、ある意味で麻薬みたいなものなのかもしれない。

森　田　確実に中毒性はあるだろうね。

清　田　ギトギトの豚骨ラーメン、ケチャップまみれのナポリタン、チーズをトッピングした牛丼など……**欲望をかき立てる〝風俗フード〟**を食べてるときって、どこか恥ずかしい気持ちがあるし、できれば人に見られたくない。だから食べるのは大体ひとりのときです。

ワッコ　わたしの女友達にも、**ジャンク飯をつくって食べてるところを夫には絶対に見られたくない**という人がいます。ひとりのときは餃子を死ぬほど焼いてそれだけを食べたりするけど、夫がいる日は彩りを気にしてサラダや副菜を用意するとのことです。

清　田　わかる。俺も妻の前で右翼フードを食べるのは躊躇するわ。妻はどちらかというとフード左翼だから、若干の劣等感すら持ってます。

森　田　清田は食事以外のことについてはだいたい左翼的な考え方をするし、着てる服も個性的だから、バツの悪さにはその齟齬も影響してそう。**基本的な価値観はリベラルなのに、食事だけが極右**という……。

ワッコ　清田さんとフード左翼のおくさんは、食をめぐって揉めることはないんですか？
清　田　それがあまりなくて。妻は、たとえば時間がないときに「吉野家でちゃちゃっと食べちゃおっか？」みたいなノリに楽しみながら付き合ってくれる。普段ファストフードを食べないから、新鮮なところもあるみたい。
森　田　なるほど。ちょうどいいバランスなのかもね。

付き合ってはじめて見えてきた美食男子の実態

森　田　ワッコは、これまでお付き合いしたカレシと食の好みは一致していた？
ワッコ　一番最近付き合ってた元カレは**美食家然**としてました。そもそも付き合ったのも、食の趣味が合ったからなんです。
清　田　そうだったんだ。
ワッコ　食べものの話をするうちに仲良くなった感じでした。その他の価値観は全然合わなかったんですけど……。
森　田　食の相性が合っていれば案外うまくいけちゃうものなの？

ワッコ　いや、そんなことはもちろんなく……。しかも肝心の食の趣味に関しても、近くで見てるといろいろ疑問が出てきまして……。彼は一見、本当に食べるのが好きそうなんですよ。食べログ信者なので、アプリには行きたいお店が１０００軒くらい保存されていて、そこに行くために飲み会の幹事にも自ら手を挙げる。行ったあとには自ら点数を書き込んでましたね。

森田　気合い入ってるなあ。

ワッコ　なんですけど、**日常的に食べるものに対しては全然こだわりがなかったんです**。その時間に空いてるお店に適当に入るという感じで、連日同じチェーン系の定食屋で済ませてたり、家でカップラーメン食べたりしてる。**美食を気取っといて毎日それかよ！**と思いましたね。イズムがありそうでないところが、段々と気になるようになってしまった。

清田　俺もすた丼とかはなまるうどんばっか食べてるから偉そうなことは言えないけど……そういう**ハリボテ感が気になる**ってのはすごくわかる。彼にとっての美食って、好奇心や探求心というよりもむしろ「承認欲求」と結びついてそうな感じがする。

ワッコ　そうなんです！　周囲へのアピールという面が強かったと思います。そういえば、会食の下見に付き合わされたこともありました……思い出すと腹立つな。

森田　おそらく美食の方向がワッコとは違ったんだろうね。カレはワッコみたいに自分の情動に突き動かされる系の美食ではなさそう。

ワッコ　はい。本当に食べるのが好きなのかどうか、最後まで謎でしたね。ちなみに、森田さんはおくさんと食の好みは合うんですか？

森　田　妻はそれこそ「情動に突き動かされる系」の美食家なんだけど、俺とは合う部分も合わない部分もあるかな。俺も食べるのは好きだけど、妻ほどの情熱はない。ちなみに妻は、マクドナルドのハンバーガーを人生で一度も食べたことがないらしいんだよ。

清　田　**あんなうまいものを！**

ワッコ　その反応も素直すぎますね。

森　田　それをはじめて聞いたときは少し戸惑ったし、「付き合っていけるのかな」と心配になったことを覚えてる。

ワッコ　実はわたしも親の方針で子どもの頃はマクドナルドを食べたことがなくて、高校に入ってはじめて食べたんです。入学してすぐにみんなで行こうってなり、ドキドキしました。はじめてだとバレないように、**こなれ感を出す**のに必死で。

森　田　育ちの良さを友達に知られるのが恥ずかしかったとか？

ワッコ　育ちの良さとはちょっと違うんですよ。わたしの母親は昔から食べるものに対してかなり神経質で、ビーガン（絶対菜食主義者）なんです。だから、ジャンクな食べもの

国道沿いのコンビニ前でトラックの運ちゃんとカップ麺をすする高校生ワッコ

なんてありえないし、そもそも毎日の食卓が一般的な家庭とだいぶ違っていました。当時はそれを友達に絶対知られたくなかったんですよ。“ビーガンの家庭あるある”かもしれないんですけど、**おやつに出てくるマックス甘いものは焼き芋**でした。

清　田　砂糖は身体に悪いから的な。

ワッコ　なのでジャンクへの憧れは強かったですね。受験勉強の時期とかは、明け方に家をパジャマでこっそり抜け出して、深夜ラジオを聴きながら歩いて15分のコンビニに甘いものやジャンクフードを買いに行ってました。**国道沿いの駐車場で、トラックの運ちゃんと並んでカップラーメン食べたっけなあ。**

清　田　エモいな!

森　田　ワッコとお母さんの関係は興味深いの

で、またおいおい語ってもらいたいなと。

食をめぐる〝コミュニケーション・オーガズム〟

ワッコ　マックの話題に戻るんですけど、子どもの頃にハンバーガーを食べたことがなかったという話を〝美食疑惑〟の彼にしたら、**「俺もそうだった！」と言われて盛り上がったん**です。最終的にはいろいろ話が合わなかったカレシでしたけど、その瞬間だけはわかり合えた感じがすごくあった。

清田　桃山商事の用語で言う**コミュニケーション・オーガズム**（※）があったわけね。

（※会話を通して相手と深い共感が得られたときに感じる快感や癒しのこと。「CO」と略します）

ワッコ　まさにCOでしたね。そのときの気持ちよさで付き合っちゃった感じすらあったかも。篠田麻里子さんの玄米婚みたいなノリで……。

森田　食の遍歴が重なるとテンション上がるよね。

清田　俺は恋愛的な場面で食のCOが起きたことはほぼないかも。一緒に盛り上がるのはフード右翼な男性ばかり。俺は食の好き嫌いが多いし、アレルギー体質でもあって魚以外のシーフードはほぼ食べられない。あと、味覚がバカすぎてとにかく**難しい食べものが苦手**。

ワッコ　香草とか珍味とか香辛料とか、清田さんはクセのあるものがことごとく苦手ですもんね。それにしても、食べものを「難しい」って形容する人はじめて見ましたよ。

清田　「素人向け」の食べものってあるじゃないですか。**ハンバーグ**、**唐揚げ**、**牛丼**、**ラーメン**、**カレー**、**チャーハン**……って全部茶色いけど、そういうのが主食なんです。

森田　要は子どもっぽい食べものってことだよね。いわゆる男っぽい食べものでもある。清田は普段生活していて、そのことで何か問題になることはある？

清田　自分のアレルギーや好き嫌いが、一緒に食事する人の楽しみを奪ってしまっているのではないかと申し訳なく感じることは多いです。でも、「**エビが食べられないなんて人生の半分損してるよ！**」とか言われると、それはそれでムカつくけど……。

ワッコ　エビはいろんなところに入ってるからキツいですよね。パクチーなら抜けばいいけど。

清田　でも、嫌いなものを抜いてるときの周りからの視線も怖いのよ。パクチーやキュウリをよけてるところを見られるのはすごく恥ずかしい。

森　田　**キュウリは「難しく」はないけどね。**

清　田　それは単なる好き嫌いだけど……ほら、こうやってツッコミも厳しくなる！　だからデートのときなんかは見栄を張ることもありました。最初から「**ハンバーグ食べたい！**」とは恥ずかしくて言えないので、「ネットで話題になってたお店」とか「老舗の洋食屋さん」とか、ハンバーグみをぼかして誘ったりします。

森　田　見栄だねぇ。

清　田　とにかく、食べられないものが多いというポイントはいろいろ不和を生む気がする。アレルギーは別としても、**好き嫌いはただのわがまま**と思われることが多そうだし。

ワッコ　嫌いなものもアレルギーと同じで、仕方ないですよ。無理することないと思いますけどね。

食に対する金銭感覚の違いが生んだ悲劇

清　田　恋愛と食事でいうと、**お金の話**も関係が深い話題だよね。「この食事ならいくら出せる」という予算感や感覚値が食い違うのはよくあることではないかと思う。

森　田　お金の使い方って、価値観の違いを可視化させちゃうからね。

清　田　俺は元カノとそれで揉めた経験がありまして……。彼女の幼馴染みの誕生会に呼ばれたことがあったんだけど、お店がめちゃくちゃ高級な中華料理屋さんで、**支払いがひとり2万円**だった。

ワッコ　高っ!!　なかなかパンチが効いてますね。

清　田　しかも出てきたのがエビや貝が中心のコース料理で、とにかく食べられないものばっかりだったんです。でもそれを言える空気でも立場でもなくて、エビチリの横に添えてある、**細くて白い発泡スチロールみたいなやつ**しか食べるものがなかった。

ワッコ　**発泡スチロールに2万円!**

清　田　彼女にとっては大切な幼馴染みの誕生日だからその金額でも妥当だったろうけど、俺は大して関係も深くないし、さらに貧乏な自分には痛すぎる出費で……。不満を言うのもみみっちいかなと思ったけど、帰りしなについブーブー言ってしまい険悪になった。そういう金銭感覚のレベル感が釣り合ってないと、恋愛関係を持続していくのは結構難しいような気がする。

ワッコ　わかります。わたしはエンゲル係数高めなんで、そこは恋人とマッチしてたほうが何かとうまくいくと思う。

森　田　俺の場合は、美食家の妻と食の基本的な好みは合うけど、お金のかけ方は正直ズレてるところがある。彼女もそれを知ってるので、高級なお店には友達と行ってるみたい。それと俺は牛肉が食べられないので、肉系のお店も一緒には行かない。**全部を無理に共有することもない**のかなと。
清　田　そうだよね。高級中華も無理に行くことなかったな……。
森　田　あとさ、「恋愛と食事」って確かにすれ違いがちなものではあるんだけど、だからこそ逆に**バチっと感覚が合ったときにテンションが上がる**気もするんだよね。妻と結婚してからずっと住んでいる家の近所に「ポルトガル料理&カレー」という変わった組み合わせのお店があってね。そこは妻と俺のふたりにとって、味の好みや値段、雰囲気などなど、すべてにおいてバチッと合うお店なの。うちはふたりとも外食がほとんどなんだけど、週に1、2回はそこに通っていて、あまりに好きすぎて、今の家は通勤には不便なのに引っ越しもできない。
ワッコ　ベタ惚れですね。わたしはそうやってひとつのお店に通いつめた経験がほとんどないです。日常の食事も、できるだけいろんなお店に行ってみたいと思ってしまう。
森　田　それはまさに、ワッコの食に対するスタンスだよね。
ワッコ　美食疑惑の元カレとはそこが決定的にすれ違ってましたね。

清田　**許容できる違いと、どうしても気になってしまう違い**ってあるよね。でも、恋愛や結婚を通して自分の食習慣や食に対する考え方が広がっていくことも多いような気がする。俺もいつかパクチーを食べられるようになりたい……。

02

恋愛とお金

お金――
それは恋愛における
紛争地帯のひとつでしょう。
デートの支払いをどうするかの
「おごる・おごられる」問題や、
金銭感覚の違い、収入の話、
将来設計の考え方。
お金は多方面にすれ違いや揉め事の
タネをまき散らかします。

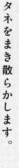

清田　お金の話ってなにかと生々しいから、普段は話題にしづらいトピックだよね。

ワッコ　収入の話とか、センシティブですしね。

清田　ただでさえお金の話は避けられがちなのに、それが恋愛絡みになると、よりいっそうしづらくなる。

森田　お金ってその人の価値観に直結してるから、金銭感覚や消費に対する考え方を通して、各々の**恋愛観やジェンダー観が浮き彫りになる**ことも多いのではないかな。

清田　すれ違いの元にもなりやすいよね。

ワッコ　わかりやすい話だと、わたしは「**おごる・おごられる**」**問題**が気になります。

森田　これは昔からたびたび論争になるテーマだよね。

清田　「おごる・おごられる」っていう行為に対する感覚は、昔に比べたらだいぶ変わってきてるとは思う。たとえばバブルの頃は「**男ならおごるべし**」**というプレッシャー**がかなりきつかったと聞くし、女性は女性で、男性からお金を注ぎ込まれることが**いい女の証明**的なところがあったらしい。

森田　でも、今だってペアーズとかwithみたいなマッチングアプリの世界だと、**最初に会うときは男が全額払うのが当たり前**って感覚がマジョリティみたいじゃない？　プロフィールには「初期デート費用」という選択項目があって、ほとんどの男性が「すべて

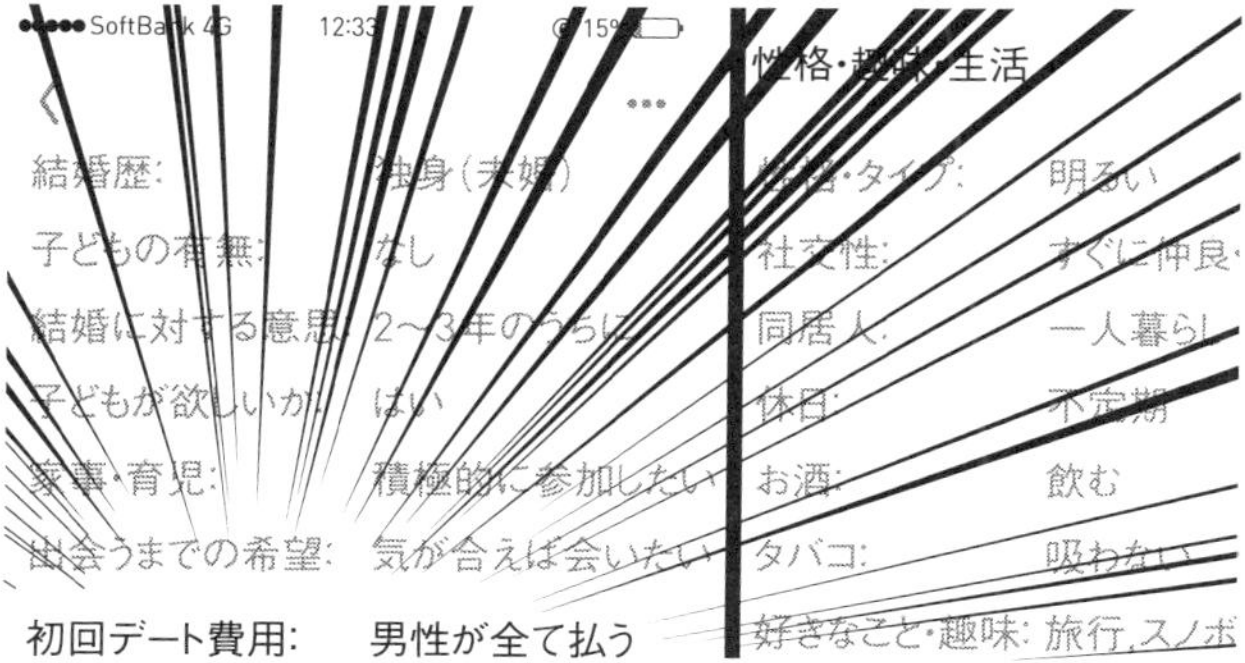

婚活アプリに見られる、典型的な男性のプロフィール例

支払う」か「多く支払う」を選んでいるらしい。

ワッコ　わたしはペアーズをやりこんでるからわかるんですけど、実際そうですね。

森　田　俺の女友達もペアーズ利用者で、彼女は「初回は男性に払ってもらえないとプライドが傷つく」と話していた。

ワッコ　うーん。それも人によって違うと思うんですよ。わたしの感覚では、どんな場合でもおごられるのはとにかくイヤですね。おごられた分だけ相手のことを**〝ぬきぬき〟してやらなきゃいけない**っていう感覚があるので……。

清　田　ぬきぬき？

ワッコ　飲み会とかで男性のことを褒めたり、お酒を注いだり、昔の自慢話をしやすい空気をつくったりと、その場の主役にして気持ち良くさせてあげることを〝ぬきぬき〟って呼んでるんですけど、わたしはついつい〝**ぬきんちゅ**〟**になっちゃう**んですよね。

森　田　沖縄の人に怒られるよ……。

世代によって異なる「おごりの文化」

清　田　ワッコはアラサー、俺と森田はアラフォーだけど、このくらいの世代にはまだ「男がおごるべし」という感覚が残ってるように感じる。でも今の10代や20代前半の人たちはワリカンがデフォルトだって聞くけど、どうなんだろう。

ワッコ　この前、仕事の関係で**16歳から六本木にオフィスを構えてる高校生社長**に会ったんですよ。その彼は、カノジョとごはんを食べに行くときも普通にワリカンするって言ってました。

森　田　それは次世代感があるなあ。

清　田　おごるっていうコマンドが、そもそも彼の中にないのかもしれないよね。

ワッコ　ほかの若い人たちに話を聞いても、「カノジョとのごはんの支払いを全額おごるのは誕生日くらい」と言ってましたね～。おごりっていう文化、意外とオワコンなのかも。

清田　「ドヤア！」っておごるのはちょっと古いのかもね。
森田　現金ってなんか生々しく見えるしね。
清田　うん。だから現金でおごることの生々しさを回避しようとする人もいる。これは男友達から聞いた話なんだけど、彼は気になる女性をゴハンに誘うときに、**レストランの株主優待券を事前に金券ショップで購入**して、「タダ券もらったからゴハン食べに行かない？」って誘うんだって。
ワッコ　えぇ！　株主アピ⁉　そんなことまでしておごりたい気持ちがわからなすぎて、もはやシュール……。彼のモチベーションは何なんでしょう？
森田　「株主優待券だから気にしないで」という言い訳をつくることで、自分の中の後ろめたさみたいなものを解消してるのかなぁ。
ワッコ　うーん。何に対して後ろめたさがあるんだろう？　おごりたいっていう強い気持ちがあって、でもそこに下心があるって思われたくないのかな。
清田　実際のところ、**「おごりてぇ！」と積極的に思ってる人はあんまりいない**と思うのよ。「誘うからにはお金は男が出すべきなんだろうけどそれも生々しいし、でもワリカンにしたらケチな男だと思われるかもしれないし……」といった面倒な気持ちをクリアするための案として「株主優待券」が出てきたのかもしれない。俺の中にもそういう感覚があるので、ちょっとわかる気がするのよ。

ワッコ　アクロバティックですね。「気を使わせたくない」みたいな気持ちがあるなら、ワリカンでいいじゃんって思いますけど。

森　田　ワッコの中には、借りをつくりたくないという感覚がある？

ワッコ　すごくありますね。すぐにその場で清算しときたいんです。**生理的に「悪いな」という感覚を持っていたくない。**

清　田　おごられるのが平気な人にはそういう感覚はないのかもね。

森　田　借りの感覚が生まれると、それこそさっきの〝ぬきぬき〟みたいに、何かで返さなきゃという気持ちが生まれるよね。おごる側がそれを期待してることもあるだろうし。

清　田　個人的には、そこまで自覚的に考えた上でおごってる人は少ないと思うのよ。さっき言ったみたいに、単に「**男だからおごるもの**」と思い込んでるとか、ケチと思われるのが怖くてお金を出してるとか、そういう感覚のほうが実態に近いんじゃないかな。

森　田　本人的には無自覚なのかもしれないけど、要は「男らしさ」を誇示したいだけなのかなと思っちゃうよね。

ワッコ　高校生社長の爪の垢を煎じて飲んでほしいですよ。

「男8500円、女8000円」という会費が意味するものとは

森　田　ただ、現実として「男だからおごらなきゃ」という呪縛はある。それに拍車をかけるように、たとえば女性からは**女子のほうが経費かかる説**という意見も出てくる。

清　田　作家のはあちゅうさんのブログも話題になったよね。「女子は美容や化粧にお金がかかってるから、食事代は男が出すべきだ」という主張だった。

ワッコ　女子が1か月に使う美容費などかなり具体的に考察されていましたね。

清　田　昔、年収が俺の3、4倍はある商社務めの女子と合コンしたことがあるんだけど、そのときですらお会計は**男子8000円、女子2000円**だった。これは男子側の幹事が決めた割合だから女子たちには関係ないけど、**格差社会とジェンダー規範のダブルパンチ**で意気消沈しました。

森　田　そんなことあったねぇ。当時、清田と俺はルームシェアしていたけど、家に帰ってくるなり愚痴ってたよね……。

清　田　やり場のない怒りと悲しみをぶつけさせていただきました。マジで年収200万

もなくて、８０００円の出費はかなりの痛手だったので……。
ワッコ　おごられるのもおごるのもキッイもんだなあ。
森　田　会費の男女比って話だと、このまえ会社の後輩男子の結婚式二次会に参加したら、設定が**男８５００円、女８０００円**だったんだよ。
ワッコ　差額５００円！　それはまた微妙な金額ですね。
森　田　新郎である後輩としてはイーブンにしたかったらしいんだけど、新婦側が「女の子は準備にお金かかるから、ちょっとでいいから傾斜をつけてほしい」と強く主張して、せめぎ合いの結果そうなったみたい。
清　田　実質的にはイーブンだけど、**「男子のほうが多く払う」という建前は残した**ってわけか。
ワッコ　う～んでも、**なんで「女だから」安いんだろう**という疑問は常に残りますよね。
清　田　ワッコ的には安くされるのって気持ち悪い？
ワッコ　根拠がわからないからモヤモヤするんです。わたしは結婚式に出席するときも美容室に行くことはないから、特別経費がかかるとは思ってないですし。
森　田　女子にもいろんな人がいるもんね。
ワッコ　だとしたら、「この式のために美容室に行った人は５０００円」とかにするのはダメなんですかね？

森田　**領収書持って来い**と。

清田　学割みたいでいいかもね。ただ、男でも俺みたいにＡＯＫＩのスーツで済ませる人もいれば、オーダーメイドでバキバキのをつくる人もいるわけで、外見に投じた経費はまちまちということになる……なかなか難しい問題だね。

森田　「男だから」、「女だから」と分けると必ずどこかでひずみが出るよね。

ホテルのお会計をどうするか問題

清田　そういえば少し前に、知り合いの男性が**「ラブホのお金をいつも男が払うのは納得いかない」**と話していた。マッチングアプリで知り合った女性とホテルに行くと、いつも彼が払うことになるみたいなのね。一回だけの関係ならまだしも、関係を継続した場合でも常に自分が払うのが腑に落ちないみたい。「俺は何に対して金を払ってるんだ？」って言ってた。

ワッコ　**まんこに対してのお金ってことになりますよね。**

森　田　直接的だな。

ワッコ　そういえば昔、知り合いの男性とホテルに行く流れになったんですけど、フロントでわたしが半額払おうとしたら、**「そんなことする女は見たことない。やめろ」**と強い口調で言われたんですよ。男が出すのは当たり前だろうって。

清　田　う〜ん、なるほど。それはそれでマッチョすぎる意見に感じるけど、なんとなく「男が出すもの」という暗黙の習慣みたいなものはあるよね。**やりたい側が払う**という理屈なのかな。となると、大前提として「常に男の人がやりたい側で、女の人がやらせてあげる側」という構図があることになる。

森　田　じゃあさ、女の人が明確に「やりたい側」の場合はどうなるのかな？

ワッコ　わたしは学生時代に〝アバちゃん〟（※）という女友達とルームシェアしていたんですけど、彼女はセックス大好きで、常にセフレが数人いるんです。彼女は**「アパホテルのポイントを貯めてる」**と言ってたから、自分でもホテル代は払ってますね。セフレとはホテル待ち合わせにして、先に到着したほうが払うっていうシステムにしてるみたい。

（※ワッコの大学の同級生。１９８６年生まれ）

森　田　「やりたい」という意思表示がハッキリしてるから、自然とイーブンになるのかもしれないね。

清　田　にしても、ポイントカードつくってるところがリアリティーあるね。

男たちの〝発射〟は課金制？

ワッコ　男性はどういう気持ちでラブホテル代を払ってるんですか？

森　田　人によると思うけど、「そういうもんだから」という感覚で払っているのが一般的なんじゃないかな。

清　田　逆に女の人は、ラブホテルのあの自販機みたいなところで男がお金を払ってるとき、どういう気持ちになるの？　当たり前っていう感覚なのか、「あざーす！」みたいに思ってるのか、居心地の悪さを感じているのか。

ワッコ　それも人それぞれだと思いますけど、個人的にはあの時間がすごく嫌いですね。「ありがとう」って言うのもなんか変な感じだし。さっきも言ったけど自分のまんこに対してお金を支払われてるような感覚があるので、「**そんなにまんこに自信ないんだけど……**」って思う。

森　田　……それはつまり、そのあとのセックスのプレッシャーになるということ？

ワッコ　そうですそうです。
清　田　確かに「このお金は何代なんだ？」って話だよね。そう考えると怖いかも。たださ、ホテル代は食事のお会計よりもずっと「男が払うべし」の規範が強いから、ワリカンにしましょうとはなかなか言いづらい。
ワッコ　**〝発射〟してるかしてないかだけの差**なのに、なんでですかね。
森　田　いや、身も蓋もない言い方だけど、確かにそうだよね。
ワッコ　たとえば飲み会だったら、「男のほうがたくさん食べたり飲んだりしてるから」っていう理屈が一応通るじゃないですか。でもセックスには、そういう違いはないわけで……。謎だなあ。**発射は課金制なんですか？**
森　田　発射課金！　って思わず笑っちゃったけど、その捉えはかなり的を射てるような気がする。お金と射精が結びついてるということだから、性風俗と似た構造と言えるよね。
ワッコ　それがわたしとしてはプレッシャーなんですよね。**お金を払ってもらってしまったら、対価として満足させなきゃいけない**わけですよね？　プロ並みのパフォーマンスを提供する自信なんてまったくないですし……。
森　田　ホテル代を発射課金だと捉えると、そういう発想にもなるか。これって食事における「おごる・おごられる」問題とも、もろにリンクしてるよね。発射課金から考えていくと、「男だから」おごる、「女だから」おごられるものだとされている理由の一端が見えてくるような気がする。

清　田　そっか。つまりセックスは男がやらせてもらう側であり、食事やデートはそこに至るプロセスだから、そこも男がおごるべしという発想になるってことだよね。**ホテル代に対する価値観を薄めたものが食事代になる**という。

ワッコ　つきつめていくとセックスに行き着くから、「おごられると気持ち悪い」って女性がいるのかも？

清　田　ちょっと思ったのは、カップルの場合はホテル代もワリカンが普通じゃない？　俺は恋人と行ったホテル代はいつもワリカンだったけど、みんなはどうなんだろう。

森　田　ワリカンが多いような気がする。そこで男が全額払っちゃうと**〝売春感〟が出て気持ち悪く感じられる**んじゃないかな。

清　田　恋人やセフレ同士だとワリカンがベースになり、それ以外では全額男持ちが基本だとすると、その違いはいったい何なんだって話だよね……。

ワッコ　付き合ってなくたって、わたしはおごられると〝売春感〟があって、なんか気持ち悪いですけどね。あー、**あのときのホテル代、半額返したいなあ**。

森　田　すごく真っ当な後悔だね……。〝売春感〟にも関係する話なんだけど、「男がおごるべし」という考え方の気持ち悪さって、**いびつな権力構造の気持ち悪さ**でもあるんじゃないかな。実態として男女の収入格差がある時代が続いていて、その格差を埋める形で「男がおごるべし」という意識が植えつけられてきたんだろうなとは思うんだよ。これは男女双方にとって都合がよさそうに見えるんだけど、決定権であるお金を握ってるのは多くの場合、男だから、実際は不均衡な構造なんだよね。そしてその権力構造は「男らしさ」という曖昧なもので覆われて見えないようになっている。

ワッコ　なるほど。気持ち悪さの正体が少しわかった気がします。

伊勢丹で四季を感じるワッコ

森田　恋愛とお金は、「おごる・おごられる」問題以外にもいろいろトピックがあるよね。カップルや夫婦間の**金銭感覚の違い**みたいな話もよく聞く。

清田　それが一番ソリッドに現れる場面って買い物じゃない？

ワッコ　わたしは元カレに「**こんなにお金を使う人ははじめて見た**」と言われたことがあります。

清　田　責められたってこと？

ワッコ　いや、純粋な感想でした。実際わたしは、買い物のために生きてるようなところがあるんですよね。

森　田　ワッコが一番お金を使うのは、やっぱり服？

ワッコ　そうですね。服がメインではあるんですけど、コスメ、食事、演劇やライブのチケット……とにかく消費が大好きなんです。**買い物依存症**的なところがあって、忙しくて買い物に行けなかったりすると通販で小さいものを爆買いしちゃったり。

清　田　買い物ってストレス発散になるよね。俺もたまに書店で本やマンガを爆買いしてしまうんだけど、超気持ちいい。

ワッコ　それもかなりありますね。あと、わたしの場合、「毎日が買い物」という感覚もあります。むしろ**買い物の間に働いている**。出社前に新宿伊勢丹に行くこともありますし。すぐピットインしちゃうんです。

清　田　毎日何かを買ってるわけじゃないんでしょ？

ワッコ　そうですね。巡回みたいな感覚です。

森　田　伊勢丹パトロール！

ワッコ　情報を仕入れに行ってる部分もありますね。あとは、「あ〜もう春物が入ってるのか！」みたいに、季節を感じるという側面もあります。

清田　伊勢丹で四季を。

ワッコ　**花鳥風月タイム**なんですよ。

清田　風流だな！

森田　倹約家の人には、その感覚は絶対理解されないだろうねぇ。

ワッコ　確かに……。そういう男性と仲良くやれる気がしないですね。

緑色のワンピース事件

清田　買い物といえば、苦い思い出がありまして……。若い頃、元カノにひどいことをしてしまったことがあるのよ。

ワッコ　ぜひ懺悔してください。

清田　彼女は常々「自分のファッションセンスに自信がない」と言ってて、ジーンズにTシャツみたいな格好が多かったのね。

ワッコ　スカートとかは着ない感じだったんですね。

清田　そうそう。本人は童顔とお尻が小さいことを気にしていて、女性っぽい服装ができないことがコンプレックスだったみたいで。あるとき原宿で一緒に買い物してたら、セレクトショップでめっちゃかわいい**緑色のワンピース**を見つけて、俺は彼女にそれを着てほしいなと思った。

森田　緑色ということは、割と個性的な感じのワンピースだったのかな。

清田　です。服自体もかわいかったし、彼女にもめっちゃ似合うんじゃないかと思い、俺はひたすら激推しした。それはまあよかったと思うんだけど、その推し方が今思うとヤバくて……。**「こういうのを着れば、あなたの幅も広がるんじゃないか」**と言ってしまって。

ワッコ　幅!!

森田　上からすぎるオススメ……。

清田　**2万円くらいするワンピース**で、彼女は普段あまり高い服は買わない人だったんだけど、俺の勢いに押されて購入を決意してくれた。

ワッコ　さっきの言い方だと、なんとなく清田さんが買ってあげたのかなと思ったんですけど、本人が買ったんですよね？

清田　そう、本人が2万円払って。でも結局、彼女はそのワンピースを、**少なくとも俺**

の前では一度も着てくれなかった。

ワッコ　えぇ……なんでですか？

森　田　きっと彼女的には、どこか納得いってなかったのかも。

ワッコ　それにしても「幅も広がるんじゃないか」って、「私、幅を広げないとヤバいのかな」とか思ってヘコんじゃいそう。

清　田　ニコ生の視聴者さんからは、**「マンスプレイニング清田」**という的確すぎる批判コメントをいただきました。

森　田　マンスプレイニングとは、女性に対して一方的に何かを説明したり、偉そうに説教したりする男性を批判的に表現する言葉だよね。彼女が何を着たいかは、彼女が一番知っているわけだからねぇ。突然専門家みたいな顔して説明されてもね……。

清　田　以前、文芸誌「すばる」で『説教したがる男たち』（レベッカ・ソルニット／左右社）という本の書評を担当させてもらって、「すべての男性はこれを読もう！」とか偉そうに書いちゃったけど、まさか**自分が恋人にマンスプかましていた**とは……。

森　田　まあ、10年も前の話だもんね。

ワッコ　言い方にトゲが……。

清　田　弁解の余地もございません。

男は恋人や店員さんに対して謎の見栄を張りがち!?

森　田　買い物って案外ジェンダー観が浮き彫りになるシーンなのかもね。これは〝いつもの先輩〟が言ってたんだけど、カノジョと買い物に行くと**値札を見るタイミングに悩む**んだって。

清　田　それ、なんとなくわかる気がする。

森　田　先輩いわく、服を手に取ったときにホントは値札を最初に見たいんだけど、カノジョと一緒だとカッコ悪くて見られない。でも最後に値段が高いことがわかって買うのをやめるのはもっとカッコ悪い……そのような葛藤があると。

ワッコ　値段が理由で買わなかったっていうのは、恥ずかしいんですね。

森　田　「高いからやめよう」ではなくて、「**好みじゃない」ってことにしたい**。

ワッコ　高いブランドに限って、値札が見づらい場所についていたりしますしね。

森　田　〝いつもの先輩〟が若い頃に、雑誌で気になる服を見つけてデートのときにそのお店へ行ったことがあったんだって。でもカノジョには雑誌で見たことは言わずに、**さも**

今その場で気に入ったかのように「お、これいいな」と言って目当ての服を手に取った。

清田　ホントは一本釣りなんだけど、たまたま網にかかったことにしたわけだね。

森田　そして**即決する男をアピール**すべく、サッとレジに持っていった。この方法は先輩にとってメリットだらけで、「雑誌に載ってたぐらいだから、カッコいいこと間違いなし！」という保証もあるし、さらに後日、「こないだ買ったあれ、雑誌に載ってたわ」と**虚偽の事後報告もできる。**

清田　見栄を張れるし失敗もしない。セコいけどリアルなやり方だな。

ワッコ　そこまでやりますかって感じもしなくもないですが……。

清田　たとえばカレシが値段見て買うのやめてたらどう思う？

ワッコ　「いい値段するなー」とか言って迷ってるところを見ても、別に何とも思いませんね。でも、値札を見てソッとさりげなく棚に戻してたら、ちょっとダサいと感じるかも。

清田　俺それ結構やっちゃうんだよね……。しかも露骨に値札を見るのも恥ずかしいから、「**これって洗濯機で洗えるのかなあ？**」とか言ってタグを見るふりをして値札をチェックしたり。

ワッコ　謎の演技!!　「恋愛と食事」の回でもハンバーグみをごまかす話が出ましたけど、清田さんは意外と見栄っ張りなんですね。

清田　そこは完全に母親の遺伝です。

森田　いきなりお母さんのせいにされてもさ……。でも、その見栄っ張りはわかるよ。俺は商品を手に取って値段が高かったら、「いいものは高いよね」みたいな納得の顔をして、過剰にうなずきながら戻すようにしてる。

ワッコ　**違いがわかる男を演じる**わけですか……見栄ですね。

ボッテガ・ヴェネタで埋められない溝を認識

清田　見栄の話をしていて思い出したんだけど、「買い物・見栄・金銭感覚の違い」がトリプルコンボで乗っかったエピソードがあるかも。これは6年お付き合いしてお別れしたカノジョとの話なんだけど……。

森田　例の高級中華の元カノだよね。

清田　そうそう。もうずいぶん昔の話なんだけど、誕生日プレゼントのリクエストを聞いたら「**ボッテガ・ヴェネタの財布が欲しい**」と言ったのね。俺、ブランドとか全然わかんなくて、「おお、マジか！　買う買う」みたいな感じで安請け合いしちゃったの。

ワッコ　それは大変な……。

清　田　どこにお店があるかすら知らなかったから、とりあえず彼女に案内してもらったのよ。忘れもしない、池袋の東武百貨店。で、行ってみてマジでびっくりした。まさか財布が10万もするとは……。

森　田　まあ、普通の感覚だと高いよね。

清　田　でも安請け合いした手前、露骨には驚けないじゃん。それこそ見栄もあるし。だから現場では「ふ〜ん、なるほどね」みたいな顔して帰ってきたんだけど、内心はめちゃめちゃ焦ってて。それで俺、何を思ったか**ヤフオクを開いて安く買えないか探しはじめ**……。

ワッコ　えっ、中古⁉

清　田　でも、購入寸前で「なんか違う気がする！」と我に返って……。

森　田　正気に戻れてよかったね。それで結局、定価で買ったの？

清　田　いや、最終的に買えなかった。というのも誕生日が来る前にフラれてしまったのよ。彼女とは6年も付き合っていたけど、お金持ちの娘さんだったこともあり、しばしば金銭感覚の違いを感じていて。高級中華のときもそうだったし、実家もデカくてびびってた。ボッテガ・ヴェネタの一件でも、その埋められない溝の存在を再認識しました。

あのとき転職していたら
今の桃山商事はなかった……

清田　元カノの話が続くけど、彼女と別れた理由ってお金の問題だったのよ。**「収入が不安定だから」という理由でフラれまして……**。

ワッコ　うわぁ……つらい。

清田　当時俺は学生時代の友人達と立ち上げた会社で働いていて、低収入なうえに先行き不透明な状況だった。一方、彼女の実家はいわゆる「ちゃんとした家」で、しかも親戚同士の結束が異様に強くて。

ワッコ　厄介な香りが……。

清田　あるとき親戚の集いのようなものに呼ばれて行ったら、ドンみたいな叔母さんから**「結婚したいならライターなんて辞めて、ちゃんとした会社に就職してくれ」**と言われた。

ワッコ　えぇー！　その人たち、どんだけ上からなんですか⁉

森田　ほんっと不快！　そのとき彼女はどうしてたの？

清田　ずっと黙って下を向いていた……。

ワッコ　フォローが欲しいところですけど、彼女の立場も板挟みでキツかっただろうなあ。

清田　ただ、この話って、俺が一方的な被害者ってわけではないんだよね。彼女は別に「一流企業に勤めろ」とか「たくさん金を稼げ」と要求していたわけではなく、彼女が望む家庭像（子を産み、家を買い、老後の貯えをして……というような）を実現するには安定的な収入が必要で、俺がそれに合わせられなかったという話なんだと思う。だから最終的には**「価値観が違った」としか言いようがない**。

森田　清田はあのとき転職を本気で考えてたもんな〜。近くにいた友人としては「そんなこと絶対やめろ」と思ってたけど、彼女を失いたくなくて必死だったんだよね。

ワッコ　**そこで転職してたら、今の桃山商事はなかった**わけですよね。

清田　何このエモい流れ……。いやホント、今となっては転職を一瞬でも本気で考えた自分にゾッとするよ。ただ、あの別れを経てお金に対する考え方はかなりハッキリした。この先も収入が安定することはないと思うけど、自分にとっては桃山商事の活動や文章を書く仕事を続け、好きな本や演劇に触れ、好きな人たちと会い、心惹かれる服や雑貨を買うことができれば、十分に幸せな人生を送ることができる。そのために必要なお金を、納

「結婚したいならライターなんて辞めて、いい企業に就職しなさい！」

得のいく仕事をしながら稼いでいく。それが自分の価値観なんだって考えられるようになって以来、お金に対する悩みはほとんどなくなったし、結婚した相手も似たような考えの人だからお金のことが問題になることもほとんどない。貧乏だけど快適です。

森田　ちなみに清田がお別れした彼女は、安定した会社員の方と結婚したそうです。

清田　共通の友達のみなさまが「いいね！」を押してくださったおかげで、**俺のフェイスブックにも彼女の結婚式の写真が流れてきたよ……。**

ワッコ　お互い幸せになれてよかったよかった。

03

恋愛と遊び

これから
話していく「遊び」は、
恋人や夫婦間でしか成立しないおふざけや
じゃれ合いみたいなやり取りのことです。
変な名前で呼び合ったり、
彼氏に化粧をしてみたり。
恋人たちは、意外とたくさん遊んでいます。
ニッチなテーマではありますが、
実はセックスの話とも
関連があるという奥深さも秘めてます。

森　田　遊びという言葉には、結構いろんなニュアンスがあるよね。
ワッコ　恋人や好きな人と遊ぶということだと、まず連想されるのはデートですかね。映画を観に行くとか、水族館に行くとか。
清　田　あとは「遊びの関係」や「遊ばれて傷ついた」なんて表現があるように、カラダだけの関係をイメージする人も多いかもしれない。
ワッコ　そう考えると、恋愛ではネガティブな印象のほうが強いかもです。
森　田　一方で、日常のなかで行われる**他愛ないおふざけやじゃれ合い**のようなものも「遊び」だよね。ニッチな話っぽいけど、実はみんな結構やってると思うんだよ。
清　田　冗談を言ったり、変な名前をつけたり、オリジナルのゲームやルールをつくったりね。そういうのって楽しいよね。
ワッコ　わたしはそういう遊びができるカレシと付き合ったことがないんですよ。だからすごく憧れがあります。女友達とはかなり遊べるんですけど。

知らない犬に名前をつけて遊ぶ

森田　俺の会社のある先輩は、おくさんと相撲をとって「遊ぶ」らしいんだよ。

ワッコ　だいぶ激しい遊びですね。

森田　夫婦揃って相撲ファンだから、技の掛け合いをしてるみたい。彼らは相撲以外でもよく遊んでいて、ふたりで散歩をしてるときには、おくさんが**通りすがりの知らない犬に名前をつけて遊ぶ**んだって。「あれはゴロウ」、「あれはリリィちゃん」みたいに。だから彼のほうも、ふたりで歩いていて犬を見つけたら「あの子は?」と聞いて、「ケンちゃん」と彼女は返す……。

清田　そのやりとりがある種の「お約束」みたいになってるのね。

森田　そうそう。ただ、名前をつける・つけないに関しては彼女なりの線引きがあるらしくて。「あの子は?」と聞いても、「大きい犬は嫌いだからつけない」と言うケースもある。彼はその感じが好きで、「あの犬には名前をつけないだろうな」とわかっていてもわざと聞くんだって。

ワッコ　他の人からしたら、**何が楽しいのかさっぱりわからない**ですよね。

森田　驚くべき他愛のなさ。でもその他愛なさや意味のなさがいいと思うんだよ。

清田　俺も通りすがりの知らない人に名前をつけて遊ぶカップルの話を聞いたことがある。

森田　まったく同じだね。

清田　あとは、**一日お互い違う名前で過ごす**というカップルもいた。

ワッコ　どういうことですか？

清田　たとえば俺だったら清田ではなく「渡辺」、恋人が吉田さんだったら「山本」という設定にする、みたいな。互いにその名前で呼び合うだけじゃなく、ファミレスの待ちリストやカラオケの受付なんかにもその名前を書いて、お店の人に「渡辺さま～」とか呼ばれて、それがおかしくてふたりでクスクス笑ったりする。

森田　遊んでるねえ。

清田　一日違う名前で生きると、ちょっと新鮮な感じがしておもしろいと言ってました。名前は遊びのツールになりやすいのかも。

ワッコ　わたしはカレシとＬＩＮＥをやりとりするときに、**一人称を「ワシ」とか「我」に変えてました。**よく考えるとあれは遊びっぽかったかも。

森　田　やけに雄々しいけど、それも親密さの表れだよね。

ワッコ　あと、カレシではないけど女友達との間では、合コンで会った男性や仕事で知り合った人に**あだ名をつけて遊んでます**。

清　田　ニコ生番組でも「男子の知らないあだ名」というコーナーをやってたことがあるけど、女子はそういう遊びをめっちゃやってるよね。

ワッコ　はい。あるとき会社がらみの飲み会で50歳くらいの男性が、突然「**俺はまだカッチカチだぞ！**」という超ド下ネタを言い出したことがありまして。それ以来、仕事仲間のなかでその人は**カチカチ**って呼ばれています。

清　田　謎の勃起アピ……。あだ名ってエピソードとセットになってることが多いよね。

ワッコ　飲み会後のグループＬＩＮＥで「なんかあの人、カチカチとか言ってなかった？」みたいにひとしきり盛り上がり、それから定着していきました。大体そういう流れが多いです。

LINEで遊び、食べログでも遊ぶ

森田　LINEのやりとりのなかで遊ぶことはよくあるよね。俺も妻とたまに遊んでる。たとえば以前、妻と平日の夜に食事をする約束をしていたんだけど、仕事が終わらなそうって連絡が来て。それで時間調整のやりとりをして、最後に彼女から「**またLINEしますた**」と来た。

ワッコ　かわいい。

森田　これってさ、「します」という未来形のところに、いきなり過去形の「た」が入ってくる構造になってるんだよね。この間違いはおもしろいなーと思って。

清田　文法の授業みたいだな。

森田　ただの打ち間違いにしてはおもしろいなと、真剣に考えたんだよ。それでこちらから「これから会社を出ますた」と返したら、そこから〝**すた**〟**遊び**がはじまって、「もうお店に着きそうですた」、「了解ですた」と、一時的に流行ったというお話です。これは形を変えて、今でもよくやってる。

ワッコ　うぅ……なんと幸せそうな……。**単なるのろけエピソード**でしたね。でも、こういうことはみんなやってそうな気がする。

森田　他愛なさすぎて人に話さないから表に出てくることはあまりないんだけど、絶対いろいろあるはずなんだよ。

清田　以前、妻との間で「人は一日に何回おならをするのか」が話題になって、**お互いおならをするたびにLINEでおならのスタンプを送り合っていた**ことがある。

森田　まさに遊びだねぇ。しかも他人とは絶対できない遊びだよね。

ワッコ　そういえば、女友達がカレシと「食べログ」で遊んでましたね。

清田　なにそれ⁉

ワッコ　ふたりで共通の食べログアカウントをつくって、お店でご飯を食べた後に**いかにも食べログのレビュアーっぽい文章を書き合うという遊び**です。

森田　それは知的な遊びだな～。

ワッコ　ちなみにアカウント名は「**なめたけ太郎**」です。

清田　うわー、食べログにめっちゃいそう！

ワッコ　ふたりで行列のできるかき氷屋さんに行って、「行列を抜けるとそこには……」みたいなタイトルのレビューを書き、「っぽいね！」、「っぽいよ～」って言い合ってたらしい。

清　田　おならをカウントするのとは知的レベルが違いすぎるな。

ワッコ　「ここはこういう表現のがいいんじゃない？」ってふたりで文章をブラッシュアップしたり。一時期は、レビューを書くためにわざわざ話題のお店でデートするぐらいの熱量でやってたようです。

清　田　完全に文体模写の世界だね。

ワッコ　ふたりは別れてしまったんですけど、彼女は今でもたまーにそのレビューを読んでると言ってました。「あそこまで仲良くなれる異性は、友達でもなかなかいないなぁ」としみじみ思うみたい。

清　田　**遊びを共有できる相手って貴重だもんね。**

「今度会ったとき、
またあごを噛ませてね」

清　田　桃山商事のラジオ番組でこのテーマを取り上げたときは、ゲストに編集者の森山裕之さん（出版社「ＳＴＡＮＤ！ＢＯＯＫＳ」代表）が来てくれた。森山さんは遊び心にあふれた人で、俺もよく冗談を言い合いながら一緒に遊んでるんだけど、意外なことに恋愛ではあまり遊びを入れないタイプであることが判明したんだよね。

森田　そうそう。森山さんはわりとロマンチストなところがあるんだよね。**恋愛にムードや色気を求める人はあまり遊ばない傾向がある**のではないかと。

清田　そんな森山さんがやっていた数少ない遊びが「**あごを噛み合う**」というもので。

ワッコ　あご⁉

清田　これは森山さんが昔のカノジョとの間でやっていた遊びで、性癖とか前戯とかでは全然なくて、ただ単にあごを噛み合うんだって。電話したときにも「今度会ったとき、またあごを噛ませてね」とか言ったりして。

ワッコ　オリジナリティーがすごい。

清田　今まで誰にも話したことないし、ラジオで紹介するまですっかり忘れていたと言ってた。

森田　本人たちにしてもさほど意味はなかっただろうし、他人に伝えたところでもっと意味わからないからだろうね。**よそから見たときの意味のわからなさ**は、遊びの共通点だと思う。でも、この世界のいろんなところで意味のわからない遊びが行われているって考えると、豊かな感じがするんだよね。

玄関で寝落ちした妻を写メする森田

清　田　森田はホントそういうエピソードが好きだよね。

森　田　うん。それこそ〝恋バナ収集〟していきたい気持ちが強い。

ワッコ　そういえば、わたしは**元カレに化粧したこと**があります。あれはわたしのなかではレアな遊び体験だったかも。

森　田　それはどういう流れで？

ワッコ　彼は仕事の関係で、化粧品のサンプルをよく持って帰ってきてたんです。わたしがあまり使わない色のコスメを渡されたときとかに、実は彼のほうが似合うんじゃないかと塗ってみたり。特に男性は**グロスを塗ると面白い**んですよ。まあそれだけで、せいぜいあとは**写真を撮る**くらいなんですけど。

清　田　でもわかる、写真で遊ぶのって楽しいよね。俺も恋人のミニスカートを着て写真に撮られたことがあったな。

森田　写真遊びは俺もするな～。妻が酔っ払って帰ってきてそのまま玄関で寝ていることが2年に1回くらいあるんだけど、必ず撮影してアーカイブしてる。

ワッコ　それ、わたしも撮られたことあります。洗濯物をたたみながら寝落ちしてるところを写メされたことも。

森田　ヘンな寝相を見たときも、いたずら心が発動しがち。これは結構みんなやってるんじゃないかな。

清田　スマホが出てきたことで、写真遊びが爆増したことは間違いないよね。現像しなくていいから自由度が高いし、すぐ送り合える。なんならちんこまんこも写せるし。

ワッコ　え!?　ちんまんは写したことないです。

清田　わたくしは妻に**尻の穴を写メられた**経験があります。

森田　男子校みたいなノリだな……。

ソープランド遊びから考える「共通の足場」について

清田　シモ系の話でいうと、俺はかつてお付き合いしていた女性と、**お風呂で〝ソープランド遊び〟をやっていた**ことがあって。

ワッコ　どんな遊び⁉　それにしても、肛門写メからのソープランドって。清田さんの遊びは独特すぎますよ……。

清田　あるとき一緒にお風呂に入ったら、彼女がいきなり「いらっしゃいませ〜」って言ってきたのよ。そこで俺は〝はじめて風俗に来た大学生〟という設定で「ぼ、僕こういうとこ来るのはじめてで……」と返したんだけど、そしたら今度は彼女が「緊張しなくていいからね〜」と言いながらボディソープを背中にぬってくれた。それが面白くてしばらく繰り返していた時期があった。

ワッコ　即興劇みたいで楽しそう！

森田　面白いのは、最初に彼女から**ソープランド遊びを仕掛けてきた瞬間**があったわけだよね。相手によってはその遊びが通じないかもしれないし、下手すると戸惑われたり引かれたりする可能性もある。だから切り出す側には「この遊びを受け止めてくれるだろう」という相手への信頼があり、切り出された側もそれをきちんと受け止めないと、遊びとして成立しないよね。

清　田　なるほど……どうなるかわからないけど踏み出してみるという点で、一種の「賭け」みたいなものかもね。やってるときにはそんなことまったく考えてなかったけど、確かにどこかに踏み出した瞬間があったんだと思う。そこから楽しい遊びに転じられるかどうかは、共有している感覚による部分が大きいのかも。

ワッコ　それわかります。**ノリやセンスを共有してないと遊ぶのは難しい**気がしちゃう。わたし少し前に、ペアーズ経由でやり取りしてた男性がいまして。「深夜ラジオ好き」という共通点があってマッチングしたんです。

清　田　ペアーズは価値観や趣味の共通点を見つけやすい「コミュニティ機能」があるっていうもんね。

ワッコ　彼は深夜ラジオだけじゃなくお笑い全般が好きな人で、話が合いそうだなと思いLINEを交換してやりとりするようになったんですけど……会ったこともない段階から執拗にボケてきて、それがすごいくキビしい感じでした。

清　田　どんなところが？

ワッコ　いろいろありましたが、一番キツかったのははじめて会う直前のやりとりですね。わたしが「日曜日このお店を予約したんで」って食べログのリンク送ったら、**「ヒザ！」**とだけ返ってきたんです。

森田　ヒザ？　どういう意味？

ワッコ　いや、わたしも全然わからなくて、打ち間違いかな？と思ってスルーしちゃいました。結局そのままにしたままお店で会ったんですけど、席に着くなり「ヒザわかった？ヒザ知らないの？」と言ってきて。

森田　前のめりだね。

ワッコ　「え、ヒザって何だったの？」と聞いたら、「ゴッドタンで日村がやってたヒザのネタあるじゃん」と言われまして。でもわたしはそれを知らなかったから「ごめんちょっとわからないんだけど、どういうことなの？」と聞いたら、**「あ～でもヒザ知らないならいいです」**とそこで話を切られまして……。

森田　解説もなしかよ。なんだそいつ！

ワッコ　わたしも「こいつすごい嫌い！」って思いました。仲良くなってないうちから文脈もなくボケられても、ただの不快でしかないですよ。失礼な振る舞いだなと思うし。

清田　暴力的ですらあるね。一方的に押しつけてくる感じもそうだし、しかも「知らないんだ？」というマウンティングも入ってるでしょ。

森田　試されてるような印象もあるしねぇ。やっぱり遊びをするには信頼関係や共通の足場が必要なんだよね。

ゲラセク主義者のリラックスセックス

ワッコ　そう考えると、清田さんの〝ソープランド遊び〟なんて相当ハードル高いですよ。

清田　確かにそうかもね。セックスに遊びを入れること自体、嫌がる人は多そうな気がする。俺はふざけたいタイプなんだけど。

森田　**清田は〝ゲラセク〟主義者**だから。

清田　ゲラセクは牧野江里さん（女性向けＡＶレーベル「シルクラボ」代表）に教えてもらった言葉なんだけど、「**ゲラゲラ笑いながらするリラックスしたセックス**」という意味で。確かに自分にはそういうとこがあって、最中にセックスとは関係ない話をしたりするし、ちょっと笑わしてやろうとボケをかますこともある。**射精の瞬間にふざける**こともあったり……。

ワッコ　射精の瞬間まで⁉　相手はそれで戸惑わないんですか？
清　田　もちろん相手は超限られてくるし、妻や恋人という関係じゃないと難しくはあるんだけど。ソープ遊びをした元カノには、俺がイキそうになってるときの声や表情をマネされたこともあった。それも行為の最中によ。
森　田　そこまでいくとかなり特殊な気がするけど、セックスに至る過程でふざけ合うカップルの話は俺も聞いたことがあるよ。
ワッコ　それは照れ隠し的なところが大きいんですかね？
森　田　ふざけたほうが盛り上がるっていう、シンプルな理由もあるみたい。〝いつもの先輩〟は、**セックス前に野球拳をして服を脱いでいく**遊びをカノジョとしていたらしい。
清　田　野球拳！　昭和を感じるエピソードだな。
森　田　いわゆる色気やムードはゼロだよね。でも先輩は、それで気持ちが盛り上がると言っていた。
ワッコ　聞いてる側からすると、どこでそのふざけた感じが〝本気モード〟へ切り替わるのかがわからない。「や～きゅ～う～す～るなら～♪」とか言ってた人たちが、どこかで性的なムードに移行するわけですよね？
清　田　その疑問っておそらく、**遊びは興奮を阻害する**という考えが背景にあるからだと思うのよ。セックスには興奮が必須であり、互いに没頭するものであり、非日常的なものである……こういう考えがあるとすると、確かに遊びはそれらを邪魔するものにも思える。でも、個人的には遊びと興奮は同居し得るって感覚があるんだけど、どうなんだろう。

セックスで遊ぶには「余裕」が必要!?

森田　**果たして興奮と遊びは同居できるのか。**理屈としては清田の説もあり得るとは思うけど、俺は実感としてはちょっとわからない。妻とのセックスでは、前戯の段階でふざけることはよくあるけど、最中に遊ぶことはないので……。ワッコはどう?

ワッコ　わたし、**セックスに興奮も遊びもない**かもしれない……。行為中って気になることが多すぎて脳がそこまで回らないというか……。

森田　具体的にどういうことが気になるの?

ワッコ　まず、がんばってエロくしないと相手が勃起しないんじゃないかなと気になりますね。わたしが普段通りのモードでいたら勃起するの絶対無理でしょって。だから、**自分ができうる限り〝メス寄り〟になることに集中する**んです。それに加えて、まんこが臭いんじゃないかとか、貧乳が気になるとか、ムダ毛が生えてるんじゃないかとか……とにかく気にすることが圧倒的に多すぎて、**ふざけて遊んでる余裕なんてまったくないです！**

森　田　自分の身体が気になって仕方ないというのは、よくわかる。大なり小なりそういうことを考えてる人は多いんじゃないかな。セックスにまつわる悩みの中では、かなり普遍的なものだと思う。

ワッコ　そうなんでしょうか……？

森　田　最近、『誰もが嘘をついている―ビッグデータ分析が暴く人間のヤバい本性』（セス・スティーヴンズ＝ダヴィドウィッツ・著、酒井泰介・訳／光文社）という本を読んだんだけど、その中でセックスの悩みが分析されていたんだよね。この本では、グーグルや大手ポルノサイトの検索ワードをデータ分析することで、普段は隠されている人々の本音――それこそセックスの悩みから差別的な思想まで、社会的にはアウトなヤバい本音が、鮮やかに暴かれていくんだけど。

清　田　おっかない本だね。ググってるときってほとんど無意識で素の自分をさらけ出しているから、検索履歴はもっとも人に知られたくないところだと思う。

森　田　この本の中で、セックスについての関心事や悩みがデータ分析されてるのね。その結論は、「**我々は自分の身体を気にするあまり、相手の身体について気にする余裕など**

ない」というものだった。たとえば多くの男性は自分の男性器の大きさについて頻繁に検索するけれど、女性は男性器のサイズについてほとんど検索していない。逆に女性も自分の女性器については、剃毛や締まりを良くする方法、臭い対策などなどいろいろ検索するんだけど、男性は総じてパートナーの陰部に関心が薄く、ほとんど検索しないんだって。

ワッコ　みんな自分の性器ばかり気になって、関心が相手に向いてないんですね。「余裕などない」って、まさにわたしと同じだな……。

森　田　だから「セックス・パートナーにどう思われるかについての不安の大半は取り越し苦労」なんだと書かれていた。

ワッコ　そうなのか……他の人も同じことで悩んでるんだって思うと、少しだけ気が楽になります。

セックスを楽しめない
ワッコの悩みは続く

清　田　ちなみにワッコは、わりと長く付き合った相手でも同じようなことが気になるの？

ワッコ　長く付き合った人でも余裕は持てないです。メス寄りにすると言いましたが、ＡＶみたいにめっちゃアンアンあえいだりするのも無理なんですよね。それは恥ずかしいと思ってしまう。なので結果的に「**あーもう、どういう反応が正解かわからない！**」という**左脳フル稼動状態に陥ってます。**だから遊ぶなんて到底できない。

森　田　さっき「セックスで興奮はない」と言ってたけど、そっちにも関係してそうな話だね。

ワッコ　わたしはオーガズムに達したことが多分ないんですけど、それは左脳フル稼動の影響が大きいんでしょうか。

清　田　あと、相手を性的に興奮させねばってことに囚われるあまり、自分の興奮に集中できないというのもあるかもしれないね。

ワッコ　ある気がします……**正直、セックスは息苦しい。**気持ちいい瞬間もあるにはあるんですが、それが１００％にはならない。**何かが常に気になってしまうんです。**たとえばクンニされてるときは、いま相手は勃起してないんじゃないか、早くオーガズムに達したふりをしたほうがいいんじゃないか、どのタイミングで交代したらいいのか、もう舌が疲れてるんじゃないか……そういうことを考え出して止まらなくなってしまう。とてもじゃないけど「ｏｈ！イエス！」みたいには没頭できません。

清　田　されてる最中も、ひたすら脳が回転してるんだね。

ワッコ　いくら舐められてもイクことはないから、大体**「もう大丈夫です」と言って交代**しますね。

森　田　それだけいろいろ考えてたら、自分の快楽に割り当てる余裕はないよね。

ワッコ　もしかしたら、「別にイッてもイカなくてもいいし、なんなら挿入しなくてもいいし」みたいな空気感があったら、もうすこし楽しめるかも。

清　田　ただ、それもワッコ自身が心から安心できないと難しいよね。「全然気にしなくていいから」って相手に言われたとしても、やっぱり気になっちゃいそうだし。

ワッコ　元カレは、**わたしがイカないことにずっと悩んでた**んですよ。「どうしてもイカせられないのは、俺が悪いんじゃないか」みたいな。

森　田　彼は彼なりにがんばってたということか。

ワッコ　でもそのがんばりも、わたしにとっては重いプレッシャーでしたね。

森　田　「イカなきゃ」というプレッシャーか〜。

ワッコ　はい……。でもだからといって、男性側が気持ちいいだけのセックスをされてもムカつくと思うんです。なので、とにかくどうしていいかわからなくなって、結果的には**「セックスって、マジめんどくせぇ！」**となるに至りました……。

清　田　複雑にこじれまくってるけど、どの気持ちも本当だから難しいよね。これを解きほぐすためにはどうすればいいのか全然わからないけど……何はともあれ、そこまで言葉にできるのはマジですごいと思うわ。

ワッコ　性欲はあるのに、全然セックスを楽しめないってことに長年悩んできたもので……。誰かに話したことはあまりなかったですが。

森　田　こうやって言語化すること自体が、打開策につながるんじゃないかなとは思う。

ワッコ　だといいのですが……。「セックス楽しい」って言える側の人間になりたい。っていうか「遊び」について話してたのに、いつの間にか**わたしのセックスカウンセリング**みたいになってないですか？

清　田　とても興味深かったし、これはこれでいいのでは。「いろんな遊びがあるよね」って話なだけで、特に全体として結論とかがあるわけじゃないし。

森　田　まあ、遊ぶには余裕が必要ということだけはわかったよね。

ワッコ　適当な締め！

04

フラート入門

友達以上恋人未満の相手と
ふと手をつないでみたり、
合コンの最中に気になった人と
視線を交わし合ったり……
そういう、いっときの戯れなやり取りを
示す言葉が「フラート」です。
「友達 or 恋人」の2択には収まりきらない、
恋愛の豊かな可能性を探っていきます。

清　田　今回は「**フラート**」という恋愛のやり取りをテーマにしていきます。ワッコはこの言葉知ってた？

ワッコ　元々は知らなかったんですけど、桃山商事のラジオ（※）で聴いてはじめて知りました。（※桃山商事が２０１１年から２０１６年にかけて放送していたｐｏｄｃａｓｔの恋バナラジオ番組『二軍ラジオ』。現在はニコニコ生放送の番組『桃山商事の恋愛よもやまばなし』に移行している）

森　田　フラートをラジオで取り上げたのは２０１３年だったけど、当時まだワッコは桃山商事に入ってなかったもんね。

ワッコ　わたしは〝中途入社〟なので、普通にリスナーとして聴いてました。フラートは、一応頭では理解してるつもりだけど、まだいまいち腑に落ちてない感じですね。

清　田　日本語では「恋の戯れ」と訳されることが多いみたい。奥歯に物が詰まったような言い方になるのは、ちょうどいい日本語がないことが関係していて。

ワッコ　言葉どころか、そういう考え方自体が日本にはない気がしますよね。

清　田　アメリカ文化の研究者である吉原真里さんの『性愛英語の基礎知識』（新潮新書）という本の中では、フラートは「あくまでいっときの戯れの掛け合いである」と説明されていた。恋愛の途中段階や恋人へのステップみたいなものではなくて、相手とのやり取りやその瞬間のドキドキ自体を楽しむという感覚のことを言うみたい。
森　田　「え？　これってどういうことなの？」みたいな楽しさもあるんだと思う。
ワッコ　**ザワってことですかね、ザワ**。
清　田　なるほど、そういう感覚的な言葉のほうがしっくりくるかもね。心身のザワつきを楽しむ的な。フラートの訳語は〝ザワ〟という新説。
森　田　ただ、ぴったりした訳語がないだけで、日本でもフラートなやり取り自体はごくありふれたものだと思うんだよね。
ワッコ　そうなのか……わたしはまだ感覚的によくわからないんです。
清　田　実は俺も、フラートという概念を知ってから5年以上経った今でもピンときてない。ワッコと同じように、頭では理解してるつもりなんだけど……。
森　田　ラジオ放送時は、清田はフラート弱者だという話になったよね。
ワッコ　清田さんの弱者っぷりに笑っちゃったけど、わたしも絶対フラート弱者だと思います。そう言う森田さんはフラート強者なんですか？
森　田　いや、ごく平均的なフラート経験者くらいに思っているんだけど……フラート的なものは大好きです。
清　田　何気に森田は恋愛体質だからな〜。

ワッコ　なんだか話についてけるか不安になってきた……。最初はわかりやすいフラートエピソードからお願いします！

信号待ちで突然、腕をつかまれて……

森田　ではまず、〝いつもの先輩〟のフラート体験を紹介したいなと。これは先輩が会社の受付女性数人と飲み会を開催したときのエピソードなんだけど。
ワッコ　受付の女の子と飲み会！　バブル感ありますね。
森田　ちょっと浮ついた空気を感じるよね。飲み会当日、先輩が仕事を終えて電車に乗り、最寄りの駅からお店に向かう途中で信号待ちしていたら、**いきなり後ろから誰かに腕をつかまれた**んだって。びっくりして振り返ったら、受付女性のひとりだった。
清田　えっ⁉
森田　それで、そのまま腕を組んで歩いたらしい。
ワッコ　は？？？？　うでを…くんで…あるいた……？
森田　その後、お店の前で同僚を見つけてパッと腕を離したとのことでした。そして飲み会ではお互いごく普通に振る舞い、**その後も特に何も起きなかった。**こういうのが典型的なフラートだと思うんだよね。

ワッコ　え!!　アッパーすぎる!!

清田　その女性は、普段は会社の受付にいるわけでしょ？　付き合ってるわけではないんでしょ？

森田　うん。単なる飲み友達。ちょっと、ふたりとも動揺がすごいな。

清田　俺だったら「あれは何だったの？」とか、「もしやワンチャンの予感!?」みたいに考えて混乱したり期待したりしちゃうと思うんだけど、先輩はどうだったの？

森田　先輩も、腕を組んで歩いてるときこそ**「こいつ俺に気があるのかな？」**という考えが頭をよぎったみたい。さっきワッコが言ってた〝ザワ〟だよね。ただ、後になって冷静になって考えてみたら、ただその瞬間の「遊び」だったんだなと思ったそうだよ。

清田　大人だな！　すぐにセックスの期待とか抱いてしまいそうな私は野暮なのでしょうか。

"フラート弱者"の考える
フラートエピソード

ワッコ　うーん。今のエピソードを聞いてたら、フラートって、**双方が"フラートできるアッパーピーポー"じゃないと成り立たない**気がしてきました。片方がフラートのつもりでも、もう片方がそうじゃないっていう場合もありますよね？　そういうときはどうなるんでしょうか。わたしがもし歩いてるときに同僚から腕をつかまれたら、「うわわあああ！」ってただ驚くリアクションしちゃうと思うんですよ。

清田　普通はビビるよね？

森田　「腕をつかむ」というフラート行為に関して言えば「女→男」だから成立するのかもしれないけど、これを「腕を組んで歩く」ことに限定しても、ありえない？

ワッコ　想像すらできないです！

森田　いや、俺も女友達と腕組んで歩いたことはないんだけど、たとえば海外だと、『SEX AND THE CITY』で主人公のキャリーは男友達と腕組んで歩いてたり、ソファーで重なり合うように座ってたりと、すごく親密そうな行動を普通にとっている。

清田　外国の映画やドラマを見てると、距離感近えなって感じることがよくあるよね。それだけ欧米では生活に馴染んでるんだろうな。

ワッコ　無意識にやってそうなイメージはあります。

清田　でもさ、女性側はフラートのつもりでも、男のほうは「**おっぱい当たってね⁉**」、「**どうすんのこれ！**」とかってならないのかな。自分だったらそんな風に考えてしまいそうだわ……。

ワッコ　ＤＴ感がハンパない！

清田　いや、そんな「**フラートで混乱した経験**」なら**弱者の俺にもある**気がしていて。

森田　ぜひ聞かせてください。

清田　予備校時代の話なんだけど、当時、自習室で仲良くしてた男女のグループがあったのね。浪人同士、互いに励まし合う感じのいい雰囲気で。その中のひとりの女子から、あるときふいに「お茶飲む？」って聞かれて、それが**飲みかけのペットボトル**だったのよ。

ワッコ　ほう。

清田　「おう、サンキュ」って感じで平静を装ってひと口もらったんだけど、内心びっくりしてめちゃくちゃドキドキした。だって、飲みかけのお茶ですよ？　その瞬間、**秒で好きになってしまった。**それまでは仲良しの女友達としか思ってなかったんだけど……。

ワッコ　一瞬で？
清田　秒殺で。
森田　間接キスで？
清田　キメられましたね。これが私の数少ないフラート体験です。
ワッコ　うーん。確かにちょっとエモいけど、それってフラートなんですか？　**回し飲みで勝手に勘違いしたDTのエピソードにしか聞こえないっ**す！
森田　おそらく相手にはフラート的な意図はなかっただろうね。しかも清田はフラートを飛び越えて本格的に「好き」になっちゃってるわけで……よく考えると、実はこのエピソードにはフラートの要素が1ミリも入ってないのでは？
清田　俺の青春が……。
森田　ただ、**フラートは勘違いを生みがち**という側面は確かにありそう。
ワッコ　〝ザワ〟ですからねー。ザワを楽しむ「恋の戯れ」って……やっぱりわたしには高度すぎるな。
清田　かなり大人な行為だよね。勘違いして突っ走っても成立しないし、「何かの間違いかも」って過度に抑圧しても成立しない。意味や意図を考えたり、その後の展開を期待したりせず、ザワの波に乗り、その瞬間を楽しむって……どんだけ恋愛偏差値高いんだよ。

ワッコ　できる気がしないですよね。**3回死んでもできない**気がしてます。

清田　できる人のほうが少ないんじゃない？　実際、我々のところに恋愛相談に来る女性のなかにも、「いきなり手をつながれて戸惑った」、「突然キスされたんだけど、彼はどういうつもりなんだ？」みたいな、男性にされた行為の意味や意図が読めずに悩んでいる人も少なくないわけで。

森田　そういう行為のすべてがフラートだという話ではないからねぇ。フラートできる人とできない人のどちらが多数派なのかは、ちょっとわかんないけど……ワッコがさっき言ったように、**「フラートしてる」という暗黙の了解**みたいなものが双方に必要になることは確かだよね。

清田　コードみたいなものなのかな。それを見誤ると、事故につながる。**フラートの勘違いでセクハラとかが生まれることだってある**ような気もするし。

森田　その危険性はあるよね。相手を見極めたり、場をわきまえたりする必要は絶対にある。特に男性は、慎重過ぎるくらいじゃないとだめだよなって思います。

フラートできる人とできない人の違い

清田　我々のようなフラート弱者がいる一方で、フラートが得意な人もいるよね。身近なところでいうと、佐藤広報（※）なんかはフラート的なやりとりを好む印象がある。

（※桃山商事の初期メンバーのひとりで、清田の中学・高校の同級生。かつて清田・森田とルームシェアしていた）

森田　**広報は昔よく女性に花を渡してたよね。**

清田　それはお父さんから受け継いだ習慣だと言ってた。「女性はみんな花が好き」という考えがあるから自信を持ってさらっと渡せるみたい。

森田　これで喜ばない女子はいないだろうという確信があるわけだよね。

清田　そしておそらく、花を渡すという行為は「私はあなたをメス扱いしてますよ」というメッセージを可視化したものなんだと思う。

森田　エスコートするとか、容姿を褒めるとかもそういう行為の一種なのかも。

清田　そう考えると、**「今、あなたのことをメス（あるいはオス）として見てますよ」**

という信号の交換が、フラートにおける大事な要素なのかもしれない。

森　田　それはポイントかもね。「俺はオス、あなたはメス」っていうのを最初に宣言して、関係性を規定する。佐藤広報は「自分には女友達がほとんどいない」とよく言ってるけど、どんな異性に対しても性的な可能性を閉ざさないから、友達方向に関係が進みにくいのかも。

ワッコ　わたしがもし花束もらったら、「なんで⁉　わたし、あなたに感謝されるようなことしましたっけ？」って混乱しちゃいそう。

森　田　ワッコは女性扱いされることに慣れてないってことだよね。

ワッコ　はい。それは**身長177センチもある巨女の性《さが》**で、自分の中の〝メスみ〟を消して生きてますからね。**女友達からの呼び名も「お兄ちゃん」**だし。

森　田　ワッコがフラートできないのは、そのあたりに原因がありそうだなぁ。

清　田　俺がフラートできないのも同じ原因かも。身長はワッコとは逆で164センチと低め、身体のパーツはどれも丸っこくて男性っぽさが薄く、「**社民党の女性議員みたい**」と言われることの多い髪型、好んで着るのはフェミニンなブランドの服……と、全体として**〝オスみ〟を消す方向に突っ走っている**感があるので。

森　田　それでフラートの信号を出しても、相手は気付かないだろうね。

清　田　あと、俺があからさまにフラートを出したら、相手はびっくりするんじゃないかという懸念も正直ある。

ワッコ　**ちんこついてないと思ってたのに！**　ってなるのかな。

清　田　完全にそうなるでしょ。

森　田　難儀な人生……。でも、ふたりとも恋人はできるよね。

ワッコ　わたし、これまでの人生で、合コンでしか彼氏ができたことないんですよ。**合コンはオスとメスが出会う場として開かれる**じゃないですか。だから向こうもわたしをメスとして扱うし、わたしも男性のことをオスとして見ることができるんだと思います。

森　田　合コンだと普段出してない〝メスみ〟を安心して出せるってこと？

ワッコ　はい。なんなら、「メスならこうするだろうな」という行動を自分なりに考えてがんばります。

森　田　となると、ワッコは合コンでフラート的なことを経験してるのではと思うんだけど、どうかな？

ワッコ　うーん、思い当たる節がない……。

森　田　だめかぁ。

同窓会でのフラート体験

清　田　森田はどうなの？　さっき自分のことを「平均的なフラート経験者」って言ってたけど。

森　田　話していて思い出したのは、**20年ぶりに開催された同窓会**のときのフラートエピソードです。

ワッコ　同窓会フラート！　すでにちょっとエロいですね。

森　田　とにかく久しぶりだったから盛り上がって、みんなで「**当時好きだった人**」**を言い合う流れになったた**んだよ。これっておそらく同窓会の定番のひとつなんじゃないかと思うんだけど。

清　田　なんだよそれ……。

森　田　実際に俺の好きだった女性がその場にいたからどうしようかなと思ったんだけど、酔いも手伝って正直に言ったんだよね。みんな言ってるし。

ワッコ　エモっ！

森田　彼女はそれを聞いて少し照れて嬉しそうにしていて、こちらをちらっと見て目が合ったから「おっ」と思った。ちなみにその頃俺はまだ独身だったんだけど、彼女は既婚者でした。

清田　エロゲかよ……。

森田　それから少しして、彼女が終電やばいから帰るということになったんだよね。で、なんとなく俺が送る流れになり、一緒に店を出て歩き出して、**どちらからともなく手をつないだ**。

ワッコ　そ、それは、なんかつなぐ前にあったんですか？　サイン的なやつは。

森田　それは、飲み会中に「好きだった」っていう好意を示したから。

清田　じゃあもう、その時点からフラートはおっぱじまってたのね⁉

森田　こっちがわかりやすい好意を送ったら、彼女は「悪い気はしないな」って思ったんじゃないのかな。「昔好きだった」ことをわざわざ伝えるのは、「今もちょっと好き」って言ってるのと一緒だよね。目も合ったし。だからなんとなく手をつないで、そのあと駅の改札口でキスして……。

清田　キス‼

ワッコ　キーーッス‼

同窓会の帰り際、駅の改札でキスをする森田

森田　でもそれでバイバイして、おしまいだよ。その後も特に連絡を取り合ったりしてないし。

清田　**森田が遠い星の人に見えてきた。**

ワッコ　あの……ごめんなさい、そういうのって人口のどれぐらいが経験しているものなんでしょうか？

清田　総務省とか、統計出してないの？

ワッコ　『**フラート白書**』とかないんですか!?

フラートのギャンブル性

森　田　ふたりの童貞感に圧倒されちゃったけど、それはともかく、「昔好きでした」と口に出す行為は、さっきの佐藤広報の「花」に機能としては似ていて、**わかりやすいフラートの信号**だよね。

清　田　フラート弱者としては、手をつないだりキスしたりしたそのときが「0から1に移行した瞬間」なのかなと思ってしまうんだけど、実は**その前段階からフラートははじまってる**ってことだよね。

森　田　最低限の信号は確認しておきたいんだと思う。実際に好意を行為に移すのは勇気のいることだし、そこを踏み間違えると関係性によってはハラスメントにつながってしまうわけで。

ワッコ　確かに、**おじさんが勘違いしていきなり触ってきた**みたいなことはよく聞きますよね。

森　田　ニコ生の放送では、「フラートな好意を表現したくて、お試しフラートのジャブを打つ」というコメントが寄せられたよね。

清田　ジャブか……それすら怖えよ。フラートにはギャンブルっぽい要素があるわけじゃない？　たとえ「昔好きだった人は誰？」っていう告白大会がもしあったとしても、言う自信まったくないわ。

ワッコ　言えない言えない言えない。

清田　言えないよね。

森田　それはなんで言えないの？

清田　気持ち悪がられたらつらいし、相手に申し訳ないし、**言ってるときの自分もキモいって思って**しまう。

森田　自己評価や自意識の問題ってこと？

ワッコ　わたしもです。**相手がイヤがるかも……**って思っちゃいます。なんとなく、一軍のメスじゃないとフラートもフラートジャブも無理ではないかという考えが自分の中にあるんですよね。学生時代、クラスの一軍女子たちは男女できゃっきゃしてましたよ。でもそんなのは一軍にしか許されない。巨女でかわいくもない自分が男性に魅力を感じてるなんて、**伝えちゃヤバイこと**だと思ってました！

清田　超わかる。俺も性的な空気を出した途端、「お前は**ちんこない系だから仲良くし**

てやってたのに」、「**契約違反じゃね？**」と思われるんじゃないかという恐怖が……。
ワッコ　はい。「三軍以下は自分にまんこあると言ってしまってはいけない」という思い込みが抜けません。
森　田　ニコ生で視聴者の方から「ワッコさんかわいい！」ってコメントきてるじゃん。
ワッコ　大変恐縮です……！　ありがたい。ありがたいけど、**一度インストールしてしまったカースト意識はなかなか捨てられなくて**。フラートにはメスみを堂々と出せる自信が必要だなと思いました。ニコ生では「フラートできる人は余裕がある」というコメントもありましたけど、すごくわかります。さっきの森田さんの話も、キッスまでしたのにがっつかないのは、**なんかおしゃれ！**
清　田　わかる。おしゃれだよね。
森　田　そうなのかなあ。
清　田　だってさ、**セックス貧乏性**というか、「ここまできたらワンチャンあんじゃね？」とはならないわけだもんね。
森　田　うーん、その場で「いいな」、「楽しいな」と思うだけって感じなんだよね。
ワッコ　おしゃれだな〜。
清　田　刹那的エロスを楽しむ、その〝粋〟な感じがおしゃれなんだよなぁ。

ワッコ　**フラートはおしゃれ！**

セックスしないほうがエロいから、
しないだけ

森　田　清田がさっき言っていたようにフラートは確かに「刹那的」ではあるんだけど、それって行きずりの相手とのやりとりだけを連想させるよね。でもたとえば、**友達同士でもふとしたときにフラートになる**可能性はあるわけで。

ワッコ　そういえばわたしの女友達は、「自分の男友達にはセックスの可能性が『なし』な人はいない。**『あり寄りのあり』な男としか友達にならない**」といつも言ってます。

森　田　「あり寄りのあり」は結構強い肯定だね。

ワッコ　彼女は、人間的にも男性的にも惹かれる人以外とは友達になれないらしいんです。といっても実際にはセックスしないから、まさにフラートですよね。たまに手が触れたりしたらドキドキするし、自分がフラートな雰囲気を出しても相手は引かないだろうと言ってました。

清　田　お互いをメス・オスとして見てるのね。

ワッコ　「**セックスしないほうがエロいからしないだけだ**」とも言ってました。

森　田　友達に対してそこまで言い切れるのはすごいね。けど、異性の友人にフラートな感情を抱くことはあるよなって思う。ふたりはそれもよくわからない？

ワッコ　身に覚えがないですね。

清　田　……今、思い出してしまったのですが、**かつて一度だけ女友達とフラートな瞬間をともにした**ことがある！

星空フラート体験

ワッコ　本当ですか？　さっき得意げに話してた、童貞の勘違い案件みたいなやつじゃないんですか？

清　田　さっきの人とは別の話で、これは**10年来の女友達との間で起こった出来事**なんだけど、そのとき彼女は上司との泥沼不倫を経験し、心も身体もぼろぼろになって休職してしまっていた。幸い比較的短期間で復職できたから、快気祝いも兼ねて飲むことになったのね。

ワッコ　泥沼不倫ツライ……。復職できてよかったですね。
清田　彼女は今も同じ会社で元気に働いてるから、そこはホントによかったなと思う。で、その夜飲んだお店は俺の家の近くだったので、飲み終わったあとうちに遊びにくることになって。当時住んでいたマンションは屋上からの夜景がキレイで天気もよかったから、そこでお酒を飲みながらしばらくぼーっとしてたの。そしたら突然、**ぴゃーーって流れ星が流れて。**
森田　ロマンティックだね。
清田　そうそう。そしたらなんか、明らかに**いつもとは違う、妙に張り詰めたような空気**になってさ……。さすがの俺でも「えっ!?　これって何か起こる流れでは？」ということがよくわかったのよ。
ワッコ　ドキドキしてきました。
清田　そこで私は意を決し、**「キスしてもいい？」と聞きました。**
ワッコ　えーーー!!
森田　や、いかにもぎこちないけど、そこで真っ正面から言葉に出して聞いた勇気はすごいよ。俺もその彼女と昔からの知り合いで、端から見ていても、清田とは「ど」がつくくらいの友達だなということが伝わってくるので。

清田　どフレンドだよ。今でもその友情関係は続いてるし。

ワッコ　どフレンドにエロスを感じたんですか？

清田　完全に感じましたね。

森田　それでどうなったの？

清田　彼女は笑って受け入れてくれたので、おそるおそるキスしました。

ワッコ　決死のフラートが成功したんですね！　フラート弱者なのに、すごい！

清田　ただ、それで完全に火がついてしまい、なんなら**このままピリオドの向こうまで行きたい**と思ったけど、ガッと止められまして……。

森田　何を止められたの？

清田　ボディへタッチしようとしたの。その、バスト的なところを……。

ワッコ　**胸を触ろうとした**んですね。

清田　で、こうやられた（手をおしのける動き）。

森田　あーーー。

ワッコ　フラート成功ならずか……。キッスはキッスとして楽しむのがフラートなわけで、**セックスに進もうとした時点でフラートじゃなくなる。**

森田　でも清田は「そっち」だと思ってしまったんだから、仕方ないよね。

清　田　フラート強者からの思いやりが染みる……。フラート弱者には区別なんてつかないよ。そういえば、ディープなキッスへの移行も拒まれたんだった（泣）。
ワッコ　進入禁止！
清　田　歯をグッとされ、**シャッターを閉じられてしまった。**
森　田　彼女にとっては徹底してフラートだったんだろうね。
清　田　俺は「行けっかも！」という期待を抱き、フラートを壊しちゃったわけだよね。やはりセックス貧乏性は、粋じゃないしおしゃれじゃない……。
森　田　まあでも、そういう期待感がフラートを生むような気もするから難しいよね。

フラートはときに癒しになる

ワッコ　フラートとセックスの関係は複雑ですね……。そういえば、今の話とよく似たシチュエーションの話があるんですよ。男友達から聞いたエピソードなんですけど、彼が仲良くしてる会社の後輩女子が、会社の年上男性と**ズブズブの不倫をした挙句失恋してしまった**らしいんですね。

清田　まったく同じシチュエーションだね。

ワッコ　彼女は不倫相手の子どもを中絶していて、かなり悲惨な状況になっていたみたいで。その顛末を、彼と別の同僚とふたりで飲みながら聞いていたらしいんです。そしたら途中でその同僚が帰っちゃって、友達と彼女がふたりっきりになったんですね。そこから次第に色気のある雰囲気になっていき……。

清田　えええええ!!

森田　失恋話からのフラート……。

ワッコ　彼は「セックスしたいな」って思ったけど、悲惨な状態の彼女につけこむのはどうなんだろうと葛藤したそうです。それでひと言だけ、「○○さんのこと、**抱きたいですけどね**」と伝えたらしいです。その言葉で彼女は涙を流した。

清田　えっ、どういうこと!?

ワッコ　傷ついてたから、心に染みたのかなぁ。

森田　おそらく、自尊感情が著しく低下していたところに刺さったんだろうね。エンパワーメントなひと言で、なおかつエロいってのがすごい。**癒しのフラート!**

ワッコ　「あのときの雰囲気はかなりエロかったけど、弱ってる彼女につけこんだら俺はただのヤリチンだと考えて踏みとどまった」と、彼は言ってました。

清田　フラート偏差値高すぎだろ……。俺もフレンチなキッスで終わらせておけば、こういう素敵なエピソードになってたのかな。

ワッコ　彼と彼女がもしもそのままセックスしていたら、単純すぎてドラマがないような気はしますよね。

森田　彼には自信も感じるよね。「俺が抱きたいと思うことが、彼女にとって嬉しいことだろう」という確信がおそらくあったわけだから。

ワッコ　確かにそうですね。「**お前のちんぽにどんだけ価値があんだよ！**」って気もちょっとしてきましたが。

男女関係はグラデーション的かも？

森田　あと、今のエピソードは自己開示の話でもあるよね。その点で関連がありそうなのが、我々の著書『生き抜くための恋愛相談』（イースト・プレス）の中で取り上げた「どうしたら色気のある会話ができるのか」というお悩みだと思う。具体的には、いいなと思う男性と食事に行っても、いつも当たり障りのない会話に終始してしまい、恋愛的な雰囲気が発生しないという悩みで、それに対して我々は「**自己開示が色気のある会話を生む鍵ではないか**」と回答した。

清　田　自分のなかで大事にしていることとか、伝えたいけど「これ言ったら引かれるかな」と感じることとか、話す際に〝言いづらさ〟や〝恥ずかしさ〟を伴うようなことを伝えるときに、自然と色気やムードのようなものが醸し出される……こういう仮説だったよね。

森　田　言いづらさのハードルを乗り越える行為自体が色気の正体ではないかって話になったけど、「抱きたいですけどね」に宿っていた色気は、まさにそういうものかなと思う。

ワッコ　わたしもいち読者として読んでいて、あの悩みはわかりみが強かったです。自分自身を振り返ると、いつも**場が盛り上がるかどうか**を基準に話題を選んでしまうところがあって、そのせいでなかなか男性と親密な関係になれない感じがしています。一方でフラートできる人たちって、上手に自己開示していて、異性と仲良くなる速度や密度が高い気がするんですよ。

清　田　わかる。

森　田　さっきの「抱きたいですけどね」の彼は、さじ加減が絶妙だよね。エロい自己開示をすることでグッと距離を詰めつつ、フラートな関係に留まっている。

清　田　俺の場合は**ボッキによってその距離感を見誤った**ってことだよね。ああ、一生に一度くらいフラートを味わってみたい……。

森　田　恋愛と同じで、いくつになってもフラートはできるだろうから、まだ諦める必要はないでしょ。

ワッコ　わたしは自分の恋愛の課題が少し見えてきた気がします。あと、みんな意外とフラートやってることに驚きましたね。

清　田　日本だと〝恋愛or友達〟の二元論で語られがちな男女関係だけど、フラートという概念を知ると、実は**もっと微妙でグラデーション的な関係**もあることに気づかされる。

森　田　他にも「名付けられてない男女関係」っていろいろありそう。英語とかフランス語だと、そういう言葉が豊かなイメージがある。

清　田　冒頭で挙げた『性愛英語の基礎知識』にもそのあたりの語彙がたくさん載ってた。

ワッコ　そういえば友人から聞いたんですけど、海外では今「Ｎｅｔｆｌｉｘ＆ｃｈｉｌｌ」って言葉が流行ってるみたいです。

森　田　何それ⁉

ワッコ　「家でネットフリックス観よう」と言ってセックスに誘うという意味らしいです

……って全然関係ないけど。

清　田　海外の恋愛に関する言葉を掘っていく企画、そのうちやってみたいね。それこそ『翻訳できない世界のことば』（創元社）の恋愛版みたいな。

ワッコ　やりましょうやりましょう！

05

自分史上 最高のエロ

「あなたの人生で、
もっともエロい瞬間を
教えてください」
……この質問を読んで、
どういうシーンが
頭に浮かんだでしょうか？
100人いれば、100通りの
「史上最高のエロ」がある。エロに王道なし。
メンバーそれぞれの史上最高も暴露しつつ、
100％エロい話で突っ走ります。

ワッコ　わたし、人生初のフラートを体験してしまいました。つい先日のことなんですけど。

清　田　おお！

森　田　「フラートができない」ってあれだけ言ってたのに、すごいじゃん。

ワッコ　めでたくフラート処女を卒業した……気がする。

清　田　どんなんだったの？

ワッコ　この前、飲み会ですごくイケメンな男性と出会ったんですよ。そしたらなんと、**彼と私の住んでるマンションがはす向かい**だってことが判明して！　話が盛り上がって、お互い帰ったら窓から見える景色を撮って送り合おうとＬＩＮＥを交換したんです。家が近いから帰りはタクシーに一緒に乗る流れになって。手が触れるか触れないかくらいの距離感にドキッとしました。

森　田　エロいね。

清　田　鬼エロいね。

ワッコ　家に帰って携帯を見てみたら、彼から私の部屋が見えてる写真が届いてました。もちろんわたしも速攻でベランダから写真を撮って送って……。そのとき尋常じゃないエロさを感じたんです！　これがフラートというやつか⁉と思いました。

森　田　〝ザワ〟を感じたんだ。
ワッコ　はい。「このLINEって、めちゃめちゃエロくないか⁉」ってザワつきましたね！　いま思い出してもエロい気分に浸れます！
清　田　思い出しエロ……ワッコがそこまで興奮するのも珍しいね。彼とはその後どうなったの？
ワッコ　実は飲み会の時点で、彼には結婚する予定のカノジョがいることがわかってたんですよ。だから彼と何か進展することはこの先もないのですが……。そもそも、わたしは「セックスの予感っぽいもの」に興奮しただけで、実際にするかどうかは重要じゃないんです。**〝可能性濡れ〟**というか。
清　田　期待感や可能性にエロさを感じるってのはよくわかる気がする。
ワッコ　あれが最近では**自分史上最高にエロい瞬間**だったと思います。正直、セックス自体にはあまりエロを感じないんですよね。
森　田　ワッコはセックスがそんなに好きじゃないって言ってたもんね。
ワッコ　はい。というよりはセックスを楽しむというところにまだ到達できていないという感じで……。でも一応わたしにも客観的に見たらエロいんだろうなーっていう経験はあるんです。かなり昔の話なんですが、カレシとお台場の花火大会に行ったときに、**まわり**

に人がたくさんいるところでフェラしたたことがあって。

森　田　おおぅ……いきなりトップギアに入ったな。

ワッコ　ただ、わりとアブノーマルなことをしているはずなのに、この思い出はあまり「エロい」という感覚にならないんですよね。花火が打ち上がる前で、まだまわりが結構明るかったなあ……とかそれぐらいしか覚えていないし。わたしにとっては、こういうアブノーマルなことよりも、はす向かいのマンションから写真を送り合うほうがよっぽどエロい。わたしはこれを〝はすマン〟の思い出として大事にしていきたいと思ってます。

清　田　エピソードとしては花火大会のほうが派手なんだけどね。

ワッコ　エロスペックでは圧倒的に勝ってますよね。アオカン、衆人環視、フェラ……チェックボックスにスラッシュがたくさん入る。

森　田　けれど〝はすマン〟のほうがエロかったという点にエロの奥深さがあると思うんだよね。

セックスとトランス状態の意外な関係

清田　ワッコは初フラートが人生でもっともエロい瞬間だったと言ってたけど、**自分史上最高のエロ**って、改めて考えてみるとおもしろいテーマだよね。

森田　エロい瞬間はおそらく誰にでも訪れると思うけれど、どんなものにエロを感じるかっていうのは人によって全然違う。ワッコとは逆に、行為の過激さが史上最高につながってる人もいるだろうし。

ワッコ　基準はあくまで自分。

清田　これは女友達に聞いた話なんだけど、彼女の史上最高エロは車の中で訪れた。

ワッコ　**カーセクってやつですか。**

清田　そうそう。カレシの車でカーセックスがはじまったんだけど、その窓にはスモークが貼られてなくて、体勢的に下になっていた彼女としては、外から誰かに見られるんじゃないかとハラハラしていたみたい。そうこうする内に、**ふたりの熱気で窓ガラスがふぁーっと曇った。**それを見て彼女は、かつてないほどエロい気分になったと言っていた。

ワッコ　窓が曇るほどの熱い愛……。熱気がスモーク代わりってすごいですよね。
清　田　真夏の東京ビッグサイトで発生するという**伝説のコミケ雲**みたいな話だなって思った。さらに、彼女は自分たちから発せられた熱気のすごさによりいっそう興奮していったという……まさに**エロの永久機関！**
ワッコ　ただ、彼女は目の前のカレシじゃなくて車の窓を見ているわけだから、どこか俯瞰してますよね。そこだけ聞いたら、セックスに集中してないようにも感じるんですよ。
森　田　いわゆる〝いいセックス〟って、お互いが相手に集中してるイメージがあるもんね。
ワッコ　女友達ともよく話すんですけど、セックスしてるときって、**天井のシミとか壁紙**とか、景色が妙に気になっちゃうんですよね。で、それは自分がエロい気分になっていないからだと思ってたんです。でも今のエピソードだと、逆に情景がエロい気分を加速させている。
清　田　もしかしたら、彼女は**軽いトランス状態**に入っていたのかもしれない。というのも、トランス状態って「我を忘れる」的なイメージがあるけど、実はそうじゃなくて、自分の内側と外側に意識がバランスよく向いて、全体をふわっと把握できる状態なんだって。こないだ読んだ『あなたは、なぜ、つながれないのか─ラポールと身体知』（高石宏輔／春秋社）という本に詳しく書かれていた。

森　田　なるほど。スポーツでいうところの〝ゾーン〟みたいなものなのか……って、**カーセックスとゾーンが結びつく**なんて思いもしなかったけど。ゾーンは意識してその状態になれるものでもないから、そこもセックスの興奮状態と似てる気がする。

清　田　このエピソードの場合、偶然性の要素も大きそうだよね。カレの興奮や自分の身体的な快楽、車の中というシチュエーションや外からのぞかれないかというヒヤヒヤ感、そして自分たちの熱で曇る窓……などなど、いろんな要素が絶妙に混じり合ってトランス状態に入り、それが史上最高のエロにつながったのかもしれない。

ワッコ　これ、「カーセックスすれば最高に興奮できる」っていう単純な話じゃないですよね。

森　田　エロにノウハウなし。

清　田　なんの格言だよ……。

手渡されたブラジャーはなぜエロかったのか

清田　ラジオでこのテーマを特集したときは、**「浮気相手の女性にブラジャーをもらったとき**が、史上最高のエロだった」という男性のエピソードも紹介しました。

森田　それだけ聞くとフェチっぽい印象があるね。

清田　彼は既婚の同僚女性と浮気していたんだけど、頻繁にふたりで会うことはできないから、あるとき「下着をくれ」とお願いした。そしたら彼女は、**その場でブラジャーを外して「はい」と渡してくれた。**その瞬間が自分史上最高のエロだったようで、彼はそれから度々そのブラジャーを取り出しては欲情していたそうです。

森田　いい話だなあ。ブラジャー自体へのフェチズムというよりも、そこに貼り付いているエピソードに対して彼は欲情していたんだろうね。

清田　ハードル高めなお願いに彼女が応えてくれたっていう**ジャンプ感**も関係してるような気がする。期待と実現性の間にあった距離の分だけ興奮も大きかった的な。

ワッコ　これ、下着をもらったっていうところが切なくて〝エロいい話〟だと思うんですよね。「精子飲んでくれ」って頼んで飲んでもらうのとは全然違うというか。

森田　どういうこと⁉

ワッコ　つまりですね、**「精子飲んでくれ↓飲んでくれた！」**……っていうような、セックスでの直接的な要求に応えてもらったわけじゃなくて、言ってしまえば身につけてたものを渡されただけじゃないですか。なのにそれが彼の史上最高のエロになっちゃうところがおもしろいと思うんです。

森田　ああ、そういうことか。つまり、必ずしもセックスや身体的な快楽と結びついてなくてもエロは高まるってことか。

清田　カーセックスのエピソードでは、情景が重要な要素だったとはいえ、ベースには身体的な快楽があるもんね。でも下着をもらった彼にはそれがない。脳内の興奮における瞬間最大風速がすごかったってことなのかな。この違いは確かにおもしろい。

森田　それでいうと俺の史上最高のエロは、**純粋な身体的快楽**に紐付いてるんだよね。大学生のときに男友達と2週間イタリアを旅行したときのことで、10日目くらいの夜中にホテルで寝ていたら、いきなり金髪のイタリア人美女が部屋に入ってきてこちらに覆いかぶさってきた……という夢を見たの。それで**人生初の夢精をした**んだけど、この瞬間が史上最高のエロだった。夢精って、気持ちいいんだよね。

ワッコ　夢精……同じ射精でも違いがあるんですね。

清田　あるある。俺も高校生の頃、夢精をしたくてわざわざオナニーを控えてた時期があった。

森田　夢精が史上最高というのも我ながらどうかと思うんだけどね。金髪美女っていうステレオタイプな妄想もひどいし……。でもあのときのエロい感覚は、20年近く経つ今でもはっきり覚えている。

エロくないものがエロくなる瞬間とは？

清田　一般的に、少なくとも男性にとってはブラジャー自体にもエロのイメージは貼り付いてると思うんだけど、エロのイメージすらないものが突如エロくなる瞬間ってのもあったりしない？

森田　それで言うと「**ムダ毛がエロかった**」という話を男友達から聞いたことがある。

ワッコ　通常ムダ毛にエロみはないですよね。むしろ女のムダ毛はボッキを阻害するイメージでした。それがエロいってどういうこと……？

森　田　彼が会社の女性とふたりでゴハンしたときに、話が盛り上がってそのまま家で飲み直すことになったんだって。それまでは仲のいい同僚ってだけだったのに、その日はなぜか雰囲気が色っぽくなって、結局セックスになだれ込んだ。

清　田　それは、最初からワンチャン狙ってた感じではなくて？

森　田　いや、彼は意外な展開すぎて驚いたと言ってた。それでお互い服を脱いでみたら、彼女の足には明らかに処理していない感じで毛が生えていて……そのムダ毛を見て、彼は「**この人もそういうつもりはなかったんだな**」と思った。そこでむっちゃ興奮して、自分史上最高にエロい瞬間になったとのことでした。

清　田　どこがどうなって興奮するかの回路って、人によっても場面によっても全然違ってくるからおもしろいね。

ワッコ　今の話って、その場で高まった相手の性欲に対して興奮したってことじゃないですか。**男の人が女性の性欲をエロいと感じる**って、すごくいいなと思いました。

森　田　そうか。これもさっきのブラジャーと一緒で、ムダ毛自体がエロいわけじゃないもんね。ムダ毛から推測される、即興的に盛り上がった性欲に興奮している。

ワッコ　はい。そこで「女子力が低い」とか言い出すわけじゃなく、興奮したってところがステキだと思いました。ちなみに、前にも話に出てきたわたしの学生時代のルームメイト〝アバちゃん〟は、**「性欲が天から降りてくる」**って常々話してるんですよ。性欲が「降りて」きたら、途端に目の前にいる男性とセックスしたくなるらしいんです。

清田　天から降りてくるって……芸術家か！

ワッコ　ただちょっと問題なのは、降りてきちゃうと、目の前にいるのが全然知らない人でもセックスしたくなってしまうことなんです。彼女が中学生のときなんて、下校途中の通学路でいきなり降りてきちゃって、**そこにいた工事現場のおじさんとセックスしたらしい**です。

清田　えええ！

森田　ぶっ飛んでるなあ。芸術は芸術でも、前衛寄りだね。

ワッコ　まあ、かなりヤバいやつだっていうのはわかってるんですけど、わたしはその話を聞いて、「すごくいいな」と思ったんですよ。

清田　中学生ってところが問題ありすぎだけど……そこまで性衝動に忠実になれるのはすごい。

ワッコ　突然降りてくる性欲を「こういうものだから」って堂々と肯定しているのが、見ていてカッコいいんですよね。でも、**この話を聞いた男性はもれなくドン引き**していて、男性は結局受け身な女が好きなんだなーと残念に思った次第です。

清　田　確かに女性の主体的な性欲を否定したがる男性は多いもんね……。そもそも女性には性欲なんてないと思ってる人すらいるし。

精子×日常、セックス×ワッコ……「混ぜるな危険」とは？

清　田　個人的にめっちゃグッときたエピソードがあって、それは「**カレシの家から仕事へ出かける直前にオーラルセックスをした**ときが史上最高のエロだった」という、ある知り合い女性の話なんだけど。

ワッコ　いいですね！　「もう仕事に行かなきゃいけないのに……」っていう感じがエロいです。

清　田　出勤直前で慌ただしく事を済ませたからか、彼女の服には精液がかかってしまった。でも彼女は、時間もないし軽く拭いただけでそのまま通勤電車に乗った。そのとき、当たり前だけどまわりは通勤途中の人ばかりの日常で、もちろん誰も彼女を変な目で見たりはしてないんだけど、なんだかハラハラする気持ちと背徳感が相まって史上最高にエロい気分になったとのことでした。

森　田　これは、さっき清田が言っていた〝ジャンプ感〟が関係してそうだよね。

ワッコ　それと似てるかもなんですけど、私の女友達は**〝混ぜるな危険〟がいちばんエロい**と言ってるんですよ。

清　田　混ぜるな危険⁉

ワッコ　つまり、混ぜちゃいけないものが重なったときがエロいってことです。今のエピソードだと、「会社員としての日常」と「朝からオーラルセックス」っていうのが、混ざっちゃってますよね。だから興奮したんじゃないかなと思うんです。

森　田　なるほどなるほど。

ワッコ　混ぜるな危険論者のその子にとっては、**ディズニー映画を観ながらセフレとセックスする**のが最高にエロいらしいんです。子どもが観るために作られた清らかな「ディズニー映画」と「セフレとのセックス」は、混ぜちゃヤバいじゃないですか。あと、元ルームメイトの〝アバちゃん〟は、**「ワッコがいる部屋でセックスしたのが最高にエロかった」**って言ってました。

清　田　どういう状況？　目の前でセックスが行われたってこと？

ワッコ　いや、それが、わたしは寝てて全然気づいてなかったんです。しかも当時のわたしは処女で、「セックスってなに？　おいしいの？」とガンガンにこじらせていた。そん

イチャコラする男女の横で眠るワッコ

なわたしが寝ている横でしたセックスが、彼女的にはめっちゃエロくて興奮したらしいんです。

清田　興奮を高めるスパイスになったのかな。

ワッコ　**処女という名のスパイス……**。セックスしたことなかったのに、セックスをおいしくするための香辛料にされていたとは！

清田　ワッコがセックスから遠い存在だったからこそ、〝混ぜるな危険〟が強まって興奮の度合いが高まったのかもしれない。仏様の前でセックスする、みたいな。

「友達関係」と「エロ」を混ぜると……

森　田　俺も混ぜるな危険のエロさはわかるかも。昔、女友達ふたりと終電を逃して家で雑魚寝したときに、似たような感じになったことがあって。ソフトな接触だったけど、あれはエロい記憶として残ってるなぁ。

ワッコ　**雑魚寝はエモくてエロい！**　たぶん、「友達同士の集まり」と「性的な接触」が〝混ぜるな危険〟なんだと思うんですよね。

清　田　俺も何度も女友達と雑魚寝したことがあるけど、一度もそういう雰囲気になったことないよ。

森　田　まあ、そのときは俺もなにしろ若かったから。

清　田　俺だって若かったよ！

ワッコ　雑魚寝自体が若さの象徴みたいなところがありますもんね。

森　田　若いといえば、学生時代に友達と男女5人くらいでドライブに行ったときにも、似たようなことがあった。

ワッコ　まだあるんですか⁉　混ぜるなエピが豊富！
森　田　そのときは後部座席に3人座っていて、俺はその真ん中にいたのね。それで隣に座ってたのがお互いちょっと意識していた女性だったんだけど、**突然その人が手を握ってきたんだよ。**
ワッコ　わー！　エモい、エモ過ぎる！
森　田　その時期は俺にもその人にも恋人がいたから、超ドギマギした。でも彼女は平然と窓の外の景色とかを見て、普通にしゃべってんの。この人すげえなと思いつつ、みんなに気づかれたらどうしようとか、いろいろわけわかんなくなって、それはもうすごくエロい気分になった……ということを思い出した。
清　田　さすがフラート強者。でもそれはマジで混ぜるな危険すぎる話だね。そういうときっていつまで手をつないでるものなの？
森　田　結局ドライブの間ずっとつないでたかな。普通にみんなで話をしてたけど、俺はほとんど上の空だったよ……。
ワッコ　それって「**顔は新宿 カラダは車中‼**」みたいな状態ですよね。
清　田　どういうこと⁉
ワッコ　いや、そういうAVがあるじゃないですか。街の中に車を停めて、女優さんがその窓から顔を出してるんだけど、実は車内で男優さんが挿入してるっていう。

森田　人の甘酸っぱいエピソードを……。

ワッコ　ゲスですいません。

恋人の裸を〝覗き穴〟から見たときの不思議な興奮

森田　ワッコの史上最高のエロは「〝はすマン〟の思い出」で、俺のは「イタリアの淫夢」だったわけだけど、清田はどうなの？

清田　ここで話すのがはばかられるエピソードなんですが……20代のときに付き合っていた恋人と温泉旅行した際の話で、そこには貸切の露天風呂があったのよ。

ワッコ　一緒にしっぽり入れるやつですね。

清田　俺もそういうのを期待してたんだけど、なぜか男湯と女湯に分けられているタイプの貸切風呂で、別々に入ることになった。

ワッコ　ほー。ちょっと変わってますね。

清田　でも折角だからってことで入ったのね。男湯と女湯は岩を積んで作った壁で仕切られていたんだけど、我々の他に誰もいなかったから、「そっちはどう？」なんて会話をしながら入ってて。で、頭を洗っているときに壁のほうを見たら、なんか**不自然なところに風呂椅子が置いてあって……**。

森田　不自然なところ？

清田　端っこの壁際に置いてあったのよ。「ん？」って直感があって見にいくと、岩と岩の隙間に小さな穴が空いてて……つまり覗き穴だった。それで、**何はともあれ覗いてみたんです**。

ワッコ　ともあれ過ぎますよ！　絵面《えづら》を想像するとなかなかおもしろいですね。

清田　こっちも素っ裸だしね。そしたら彼女が頭を洗っているところが見えて、なぜか「めっちゃエロい！」と異様な興奮を覚えたんです。あれはなんだったんだろう……。これが自分史上最高のエロです。って、いま話してて気になったんだけど、**これって犯罪？**

森田　うーん。絶対に彼女しかいないとわかっていたわけだけど、覗きは覗きだからなあ。

ワッコ　どうなんでしょう？　黒に近いグレー!?　ともあれ、彼女は恋人なわけだし、普段から裸の姿を見る機会はあったわけじゃないですか。何度も見ているはずの裸に異様な興奮を覚えたというのが興味深いですね。

清田　それまで一緒にお風呂に入ったこともあったけど、そのとき裸で頭を洗う彼女を覗き見て、不思議なくらい欲情したんだよね。下世話な話だけど、**その場で自分でしてしまおうか**とすら思ったくらいで。

ワッコ　そんなに興奮したのか……。

清田　なぜあんなに興奮したのかを振り返って考えてみると、もしかしたら自分は、恋人の裸を覗き見ている他の男の視線を想像したからではないかと思ったのよ。それで独占欲みたいなものをかき立てられたのかもしれない。

森田　ずいぶん倒錯した捉え方だな。覗き見という背徳的な行為自体の興奮もあったのかなとも思うけど。あとさ、その行為によって彼女との間に心理的な距離が発生したという可能性もあるよね。

ワッコ　心理的な距離？

森田　佐藤広報が昔、ラジオで「恋人と街でバッタリ会ったときに強烈にムラムラした」というエピソードを紹介したことがあったんだけど、そのときの彼女は**普段と違う険しい表情**をしていて、それを見たらなぜか欲情してしまい、そのあとすぐセックスをしたらしい。清田の覗きも、ふいに垣間見てしまった恋人の〝他者性〟に興奮したのかもしれない。

ケンカの後のセックスはなぜエロいのか

森　田　他者性とエロってことでいうと、経験的に**ケンカしたあとのセックスはエロい**と思うんだよね。ケンカって、互いの個が相容れないから発生するわけで、つまり他者性のぶつかりあいとも言える。だからケンカのあとにセックスすると、相手の他者性が普段よりも強く感じられてエロい気分が高まるんじゃないかなと。

ワッコ　なるほど。でも、実はわたし、付き合ってる人とケンカしたことがなくて。実感としてはわからないかも。人とケンカすること自体苦手なんですよ。ケンカしたくないからぶつかりそうなときはだいたい引いちゃうし、本当にイヤだと思ったら恋人でも友達でも心を閉じてしまう。

清　田　あ〜。俺もほとんどケンカしたことないからよくわかる。

森　田　まあ、ケンカなんてしないに越したことはないよ。ただ、他者性がエロいという話は、セックスレスにも関係してると思うんだよね。「相手の中にもう知らない部分がない」という思い込みによってセックスレスになるケースは多い気がする。実際はどこまで行っても相手は他者なんだから、「知らない部分がない」なんてことはありえないんだけど。

清田　なるほど。別の言い方をすると、**「相手のことをもっと知りたい」**、**「相手にもっと近づきたい」という欲求がなくなったときにセックスレスが生じる**のかもしれないね。

森田　もちろんセックスレスの原因は人によってそれぞれだし、いろいろ複雑な要因が絡み合ってる場合が多いとは思うけど。

ワッコ　あ！　そういえば、同棲中のカレシとセックスレスだった友人が、**カレに浮気されてるのを知って、逆にセックスフルになった**って言ってたんです。カレの携帯を盗み見て浮気の様子や浮気相手のことを詳細にサーチしていたら、なぜかセックスをしたくなったらしい。

清田　興味深い話だね。

ワッコ　浮気発覚によって、**なぜかカレに対する関心がすごく高まった**と言ってました。なぜ浮気されたことでセックスフルになったのか彼女もわたしも謎に思っていたんですが、今の話でちょっと納得できたかも。

森田　他者性とエロとの関係は、改めて深掘りしてみてもおもしろいかもしれないね。

清田　覗き見エピソードからずいぶん話が発展したなあ。

森田　過去の犯罪を告白した甲斐があったね。

清田　覗きはダメ、ゼッタイということでよろしくお願いします……。

06

恋愛遺産

恋愛遺産とは、
ひとつの恋愛が終わった後に
残されたもののこと。
「プレゼントでもらったアクセサリー」や
「部屋に置かれたままになった服」などが
王道だと思いますが、「恋人の残り香」や
「元カレが設定していたテレビ番組の
視聴予約」といった変わり種もあります。
恋愛遺産をめぐるちょっと切ない
エピソードを発掘していきます！

ワッコ　別れた恋人が家に置いていったものって、処分に困りますよね。一応相手のものだから捨てるのもはばかられるし。
清田　かと言って返すのも面倒だしね。二度と会いたくない場合も多いだろうし……。そうやって手元に残されたものが**〝恋愛遺産〟**になっていくわけだけど、実際は捨てちゃうことのほうが多いのかな。
森田　俺は昔、別れた直後にお互いの家に置いてあったものを**宅急便で送り合った**ことがあるよ。
清田　なかなかドライな感じがしますね。
森田　心は乾いたよね。
ワッコ　わたしの場合、巨女なので大体カレシの服がサイズぴったりで……別れた後そのまま拝借しがちです……。もらったプレゼントとかも、どうするかは人によって全然違いそうですね。
清田　俺は恋愛遺産を捨てられないほうなんだけど、取っておくことのできない遺産もあるじゃない？　匂いとか。
ワッコ　**匂いの遺産⁉**
清田　これは自分の話なんだけど、当時、俺の部屋には元カノが使っていたマクラが置

マクラに顔を埋めて泣き濡れる清田

いてあったのよ。彼女とは長いこと付き合っていたから、そのマクラには髪の匂いが染み付いていて。別れてしばらくの間、**未練のあまりマクラに顔を埋めて匂いをかいだ夜**も数知れず……。

ワッコ　や、やばみの強い話ですね……。

清田　お風呂上がりに髪が濡れたまま寝ることもあるじゃない？　だからマクラって多分、他のものより匂いの粒子が染みこんでるような気がするのよ。

森田　文字通りのウェットな感覚だなあ。

清田　でも当たり前だけど、時とともにその匂いは薄れていって、それがたまらなく切なかったんだよね。**思い出よ消えないでくれ**〜って。

ワッコ　匂いって、形のない遺産だから消えていっちゃうんですね。
森　田　形のないものでも、恋人の口癖やクセがうつって、別れた後もそのまま恋愛遺産として残ることはあるよね。
清　田　それでいうと、俺、小学生の頃に**好きだったなつよちゃんという女子の鉛筆の持ち方を真似していて**、それが定着しちゃって今に至るのよ。
ワッコ　なつよちゃん！　実名報道ですね。
森　田　鉛筆の持ち方は地味だけどレンジの長い影響だよね。清田少年はその持ち方で勉強して大学に入り、アラフォーとなった今も文字を書く仕事をしてるわけだから。
清　田　そう考えるとなつよちゃんの影響めっちゃデカいな……。

清楚なカノジョと不良系ヒップホップのギャップ

清　田　次に紹介する恋愛遺産のエピソードは、桃山商事のサブメンバーのひとり、熊田操縦士の体験談です。
ワッコ　わたし熊田さんには会ったことないんですけど、なんで「操縦士」なんですか？

森　田　**本職が飛行機のパイロットなんだよ。**
ワッコ　ネタじゃなくてガチな肩書き……。
清　田　毎日空を飛んでます。で、これは熊田操縦士が20代の頃、恋人とドライブしたときのエピソードなんだけど、乗っていたのが彼女の実家の車だったから、熊田操縦士は助手席に座ってたんだって。それで「なんか音楽でもかけるか」と脇に置いてあったCD-Rを手に取ったら、そこには「**yumiko7**」とマジックで書かれていた。
ワッコ　ユミコセブン！「神セブン」っぽい響きがあってアイドルっぽいですね。
清　田　俺も一度ユミコさんに会ったことあるんだけど、大手航空会社のCAで、清楚な雰囲気の人だった。
ワッコ　パイロットとCAのカップルかぁ……絵になりすぎ。
清　田　エピソードに戻ると、「yumiko7」を熊田操縦士は彼女がセレクトしたCDだと思い、何気なくプレイヤーに入れたんだって。そしたらなんと、スピーカーから**重低音の効いたゴリゴリの不良系ヒップホップが流れてきた。**
ワッコ　え、どういうことですか？
清　田　どうやらユミコセブンは、元カレが彼女のために作ったコンピレーションCDのvol.7だったみたいで。熊田操縦士はゴリゴリのヒップホップが流れるなか、かつて同じ場所に座っていたであろうイカつい男の姿を想像し、テンションが急降下した。清楚だと思っていたCAの恋人がそういう音楽を聴いていたこともショックだったみたい。

森　田　「ヒップホップを聴いてる人＝イカつい男」っていう図式にやや時代を感じるけど、熊田操縦士的には不意打ちだったんだろうなぁ。

清　田　彼は保守的な九州男児だからね……。

ワッコ　嵐とかドリカムだったら安心してたんですかね。

清　田　相手の意外な所有物から昔の恋人を意識してしまうことって、よくあることだと思う。ユミコセブンみたいに、普段のイメージと恋愛遺産とのギャップがあると驚きも大きいだろうし。

ワッコ　付き合いはじめとかに、相手の部屋で遺産っぽいものを見つけて勘ぐっちゃうようなことも、たくさんありそうですね。

有形遺産で発動する男のプライド

清　田　恋愛遺産がトラブルを引き起こすケースもあるよね。

森　田　俺の女友達は、まさにそういうエピソードを教えてくれた。彼女が長く付き合っていたカレシと別れて、新しい人と付き合い出した直後のことなんだけど。

ワッコ　一番盛り上がってる時期ですね。

森　田　ふたりは実際かなり浮かれていて、仕事帰りにデートをして、その流れではじめて新しいカレが家に来たんだって。ホントに成り行きだったからカレは泊まる準備もしてなくて、けどスーツで寝るわけにもいかないしどうしようとなった。

清　田　ありがちな状況だね。

森　田　カレは、彼女に最近まで恋人がいたことや、形としては自分が彼女を「奪った」ということも把握していた。だからだと思うんだけど、**「元カレのスウェットとかまだあるんでしょ？　それ貸してよ」**と悪ノリしてきたんだって。

清　田　出た、男のオラつき案件！

森　田　彼女は拒否したんだけど、「いいから」と押し切られて、仕方なくまだ置いてあったスウェットを出した。

ワッコ　「俺、昔のこととか全然気にしねえから」的な〝かまし〟を感じますよね。元カレへのマウンティングみたいな意図もあるような気がします。

森　田　ただ、ひとつ問題があってね。別れたばかりの元カレは**ものすごく背が高くて、**

190センチもある人だったんだよ。対する新しいカレは170センチに届かないくらいで、割と小柄だった。だから彼女がしぶしぶ出してきた上下のスウェットをカレが着たら、まるで子どもが大人の服を着たときのような、ダッボダボな状態になってしまったみたいで。

清田　**袖が余ってる姿**が目に浮かぶな。

森田　ダボダボの服を着たカレは目に見えて落ち込んで不機嫌になってしまったらしい。彼女は「悪いことをしてしまった」と反省してたけど……。

ワッコ　ハヤー、でも反省の必要は皆無ですよね。そもそも要求してたのはカレなわけで。確かにちょっとかわいそうではありますけど……。カレはスウェットに着替えて彼女の前に出るときにかなりためらいがあったんじゃないですかね。でも自分から言った手前、出ないわけにはいかないし。

清田　**フィッティングルームから出づらい**的な。おそらくカレが不機嫌になった理由は、男の嫉妬が発動しがちな「身長」という要素で圧倒的に負けたからだよね。

森田　元カレから彼女を奪ったという男としての自信が、身長というたったひとつの要素でぺしゃんこに潰されてしまった。勝ち負けにこだわる「男」の性質がよく出ているエピソードかなと……。ちなみにふたりはその後も順調に付き合いを続けて結婚しました。

ワッコ　めでたしめでたしですね。

一枚のガムをめぐる青春の記憶と風化

ワッコ　個人的な思い出で言うと、わたし高校生のときに、**当時好きだった人から板ガムを一枚もらった**ことがあったんです。嬉しすぎて食べられなくて、そのガムを通学カバンにずっと入れていて。
森田　かわいいな。
ワッコ　月日は流れ、大学生になったときにそのカバンを捨てようと思って開けてみたら、中からどろっどろになったガムが出てきたんです。「あれ、これなんだっけ？」と不思議に思ってしばらく考えてたら、「あのときのガムか！」って思い出して。**こんなになるまで大事に取っておいた自分、やべえな**ってなりました。
清田　え〜、いいじゃん。エモいじゃん。
森田　一枚のガムに対する意味づけの変遷がおもしろいよね。最初はワッコにとって特別な一枚だったわけだけど、いつしかどうでもいいものとして忘れ去られ、ゴミのような状態で発掘された。それがトリガーになって当時の気持ちを思い出したわけで、振れ幅が大きい。

清　田　今の話、俺は途中まで「カバンにガムの匂いが染みついていて、それを嗅ぐたびに好きだった人のことを思い出す……」みたいな展開になるのかなと思ってたよ。

ワッコ　**清田さんがマクラに顔を埋めたように、わたしは頭にカバンをかぶる……**みたいな？　しない、しない、しない!!

清　田　田山花袋の『蒲団《ふとん》』みたいだね。でも俺もそのガムみたいに、好きな人からもらったちょっとしたものを大事に取っておくってのはよくやってた。書類を留めてたクリップとか、メモが書かれた付箋とか。

ワッコ　そんな些細なものまで貯めこんでるとは……**清田さんはリスか何かなの⁉**

森　田　それってプレゼントとは違って、相手からしたら「あげた」っていう意識すらないでしょ。もらったものをどうしようがその人の勝手だけど、遺産として取っとかれるのは、ちょっと気味悪く感じられる場合もあるのでは？

清　田　言われてみれば相手側の気持ちは考えたことがなかったかも。

ワッコ　わたしにガムをくれた男の子も、あげたこと自体おぼえてないだろうし、ましてや今この場で話題にされてるなんて夢にも思わないだろうな……。

恋愛遺産がつまった〝思い出ボックス〟

清　田　キモいかもだけど……ほとんどの恋愛遺産は今でも大事に保管されています。たとえばはじめて付き合った人から何かの拍子にもらった**ヘアゴム**とか、そういうの全然捨てられない。

森　田　ヘアゴムかぁ。またずいぶんと湿度が高い遺産だね。

ワッコ　相手が身につけてたものは、**細胞がはりついてる感じ**がしてちょっとキツいですよ。

森　田　細胞系遺産……。それにしても、清田はなんでそんなに遺産を捨てられないの？　もらったときの気持ちを大事にしてるから？　あるいは、その人の思い出と結びついていて、捨てるのが忍びないと感じられるとか。

清　田　う〜ん、なんでだろう。個人的にはそんな深くは考えてなくて、単なる習慣というか、捨てるという発想すら持ったことがない。自分のものでも、昔の日記とか写真とか、少年サッカー時代のユニフォームとか、いろいろ取ってある。恋愛遺産にしてもそうで、家には〝**思い出ボックス**〟と呼んでるスニーカーの空き箱があって、手紙や交換日記、昔好きだった人が載った雑誌など、あらゆる恋愛遺産がそこに詰め込まれています。ヘアゴムもそこにあるんだよね。

森　田　保管フォルダを用意しておけば、何も考えずに放り込めるというわけね。

清　田　そうそう。思い出ボックスを開けても特にセンチメンタルな気持ちになることはないし、普段はその存在すら忘れてる。全般的に物を捨てるのが苦手ってのはあるけど、基本的には「**なんとなく取ってあるだけ**」としか言いようがない。

森　田　その辺のスタンスは人それぞれだよね。逆に別れたらすぐに捨てたいって人もいるだろうし。

別れたカレシが好きだった釣り番組が突然テレビに

森　田　一方で、捨てるのに時間がかかる遺産もある。〝漁師の娘〟さんが、**テレビの視聴予約が遺産**になったという、ちょっと変わったエピソードを教えてくれたんだけど。

ワッコ　視聴予約?

森　田　娘さんが当時付き合っていたカレは釣りが好きで、土曜の夕方にやっているテレ東の釣り番組を欠かさず観てたんだって。娘さんの家にいるときも見逃さないように、その番組を視聴予約して自動でつくようにしていた。娘さんも釣りは好きだから、一緒に観てたみたい。

清　田　さすが**リアル漁師の娘！**　娘さんのお父さんは、静岡の下田で金目鯛の漁師をしてるんだよね。

森　田　そうそう。ただ残念なことに、その釣り好きのカレとはいろいろうまくいかず、別れることになってしまった。で、別れ話をした翌週の土曜日、娘さんが出掛ける気にもなれず家に引きこもっていたら、**夕方に突然テレビがついて例の釣り番組がはじまった。**

ワッコ　おお……。それは追い討ちをかけられてるようでキツいですね。テレビもちょっとは空気読んで欲しい。

森　田　驚いたし、切なくもなったみたい。でもその設定を解除することがどうしてもできなくて、しばらくそのままにしていたんだって。そして半年経ち、年末になった。

清　田　解除できない気持ちはめっちゃわかる。できない、できないよね……。

ワッコ　清田さんの共感が激しい！　さすがマクラの匂いを嗅いでた男ですね。それにしても、娘さんはどういう気持ちで半年間もその釣り番組を観てたんでしょうか？

森　田　途中からは生活の一部みたいになってたらしいよ。けれど年末の大掃除をしているときにふと「もういいかな」と思い立って、視聴予約を解除した。それで気持ちがスッキリしたと言ってました。

ワッコ　素敵な話ですね。しかも、自分ひとりで決断したってところがすごくいい。もし女友達に相談したら「そんな設定、別れた瞬間に解除すべきだよ！」とかキツめに言われちゃうと思うんですよ。

清　田　**他人の恋愛遺産にはみんな厳しいからね……**。

森　田　未練の象徴みたいなところがあるからねぇ。

清　田　ただ、娘さんの視聴録画は途中から「生活の一部になった」わけで、「引きずってる」のとは違ったと思うのよ。引きずってる状態って、**その恋愛を本当の意味で「過去」にできていない状態**だと思う。そういう状態にある恋愛の思い出の品は、〝恋愛遺産〟とはちょっと違うような気もする。

森　田　清田の〝思い出ボックス〟も娘さんの視聴予約も、どちらも「過去」になってる感じはするよね。それを見て元カノや元カレのことを思い出すかもしれないけど、悲しみや感傷は伴ってない感じ。

「思い出してもつらくない」rememberの記憶

清田　これは「当事者研究」（※）に携わり、『ひとりで苦しまないための「痛みの哲学」』（青土社）などの著書がある、医師の熊谷晋一郎さんが講演で語っていた話なんだけど、痛みの記憶にはふたつのフェーズがあって、それは英語でいう**rememberとknowの違い**なんだって。（※自分自身の抱える困りごとを研究対象として捉え直し、意味やメカニズム、対処法を探り当てる取り組み）

ワッコ　rememberは「思い出す」だからわかりますけど、knowは「知っている」って意味ですよね？　記憶とどう関係があるんですか？

清田　rememberは、すでに自分の中で意味づけや分析が完了していて**「過去のこと」として保管されている記憶を、箱の中から取り出すような作業**なんだって。一方のknowは、過去のことではあるけれど、まだ整理もタグづけも済んでおらず、どこにしまっていいかわからない記憶を思い出すイメージらしい。こちらは「過去のこと」ではなく、**まるで「現在のこと」のように知覚される。**わかりやすいところで言えば、フラッシュバックはｋｎｏｗなんだって。あとは、たとえば中学のときのイタい思い出が頭に浮かんで、恥ずかしくなることってあるじゃない？

ワッコ　死にたくなることありますよね。

清　田　ああいう感じが、ｋｎｏｗとして思い出している状態のイメージ。

ワッコ　なるほどー。つまりｒｅｍｅｍｂｅｒで思い出すのはすでに整理がついていることで、ｋｎｏｗはそれができてない記憶が引き出されるってことなわけですね。整理も決着もできてないから、引き出されると死にたくなるという。

清　田　パソコンでいうと、フォルダにきっちり整理されて格納されてるファイルがｒｅｍｅｍｂｅｒ型の記憶で、デスクトップにとっちらかったファイルがｋｎｏｗ型の記憶って感じになるのかな。

ワッコ　そのたとえめっちゃわかりやすいです！

森　田　清田の〝思い出ボックス〟はまさにフォルダそのものだもんね。

清　田　だからあれはｒｅｍｅｍｂｅｒだと自分では思っているんだけど……どうなんだろう。

ワッコ　娘さんの視聴予約は、途中まではｋｎｏｗだったんだけど、ある時点でｒｅｍｅｍｂｅｒに変わったってことになるんですかね。

清田　そうだと思う。「失恋を乗り越える」って、一般的には「その恋愛を忘れること」ってイメージがあると思うんだけど、そうではなくて、**「思い出してもつらくならないこと」が失恋の終わり**だと俺は思っていて。それってつまり**失恋の痛みがrememberになる**ってことなんだよ。だから娘さんは、失恋に半年かけて向き合って、ようやく乗り越えられたんだと思う。

森田　清田は6年付き合った例の彼女との失恋を3年引きずって、**彼女の夢を週3回も見続けた**だけに、失恋を語らせると言葉に説得力があるよね。

清田　knowな記憶と向き合った3年間だったので……。

元カレにもらったMacBook Airで仕事をする

ワッコ　今の話を聞いてて、**rememberすらされない遺産**もあるよなって思ったんですけど。

清田　それを見ても、相手を思い出しもしない遺産ってこと？　確かにあるかも。

ワッコ　わたしの女友達で一般企業を退職してフリーランスのライターになった子がい

て。転職当時に付き合っていたカレシが、ＭａｃＢｏｏｋ Ａｉｒを誕生日＋転職祝いのプレゼントでくれたらしいんです。

森　田　役に立つプレゼントだね。結構な太っ腹だし。

ワッコ　そのカレとはしばらくしてお別れしてしまったんですけど、ＭａｃＢｏｏｋ Ａｉｒはそのまま使い続けて、今も彼女はそれで原稿を書いてるんです。

清　田　だからＭａｃのジャーンっていう起動音を聞く度にカレのことを思い出す……。

ワッコ　なんてことは当たり前ですけどないわけです。単純に、仕事道具として使いやすいから毎日使っている。ただ、まわりからするとそれもやっぱりおかしく見えるみたいで。女友達から「元カレにもらったモノを使い続けるなんて信じられない」、「だからカレシできないんだよ」みたいなことを言われてウザいって話してました。

森　田　まわりはどうしても、**過剰に物語を読みこんじゃう**んだよなあ。

清　田　彼女的にはｒｅｍｅｍｂｅｒですらないんだから関係ないだろって話だよね。

ワッコ　その子は実用的なモノをプレゼントにもらうことが多かったみたいで、**元カレにもらったティファールの鍋**もいまだに使ってるって言ってました。

森　田　プレゼントした側からすると、そうやって使ってくれるのは喜ばしいことだと思うけどね。自分のことをｒｅｍｅｍｂｅｒされなくなるくらい、長い期間に渡って役に立つモノをプレゼントできたってことだから。

ワッコ　おいおい遺産になってしまうことを考えたら、実用的なプレゼントはセンスがあまり関係しなくていいですよね。ティファールの鍋は使えるけど、ティファニーのアクセサリーだと「気に入らないから二度とつけねぇわ」ってなる。それが謎な遺産として残っちゃうことも……。まあ、今なら**メルカリに出せばいい**んですけど。

森　田　メルカリができて、遺産を処分する先の選択肢がひとつ増えたよね。高価なモノは心理的に捨てづらいけど、メルカリならその罪悪感は軽減されそう。たぶんメルカリ市場には、**相当な数の恋愛遺産が出品されてる**んじゃないかな。

清　田　遺産の運命もいろいろだね。役に立ち過ぎて生活の一部と化しちゃうような遺産もあれば、メルカリに出品される遺産もある。「メルカリ」って軽い語感がまたいいな。

森　田　相手の影響で好きになった趣味やカルチャーみたいな無形の遺産も、生活や自分の一部と化して残ることが多そうだよね。あと、清田の〝思い出ボックス〟の中身みたいに「なんとなく残されてる」系の遺産もあるし。

ワッコ　それにしても、鉛筆の持ち方からダボダボのスウェット、匂い、視聴予約、MacBook Airまで……ホントにいろいろな遺産がありましたよね。

森　田　その流れで清田先生の失恋論を聞けたのもよかったのではないかと。自らのヤバい部分を開示していただきありがとうございます。

清　田　過去の時間の上に今の自分がいると思うので、これからも思い出収集を続けていきたいと思います。

ワッコ　そこはやっぱりリスなんですね……。

07

恋愛と油断

「油断したカレシが
おならをプップするようになった」、
「油断してたら浮気された」
――恋愛における油断は、
どちらかというとネガティブなものに
見られがちです。
でも一方で、油断が恋のきっかけになったり、
自己開示の扉になったりすることもあります。
いい油断と悪い油断の境界って、
どこにあるんでしょうか？

清　田　恋愛と油断は、桃山商事が長年考察しているテーマのひとつだよね。

ワッコ　恋愛における油断といえば、やっぱり恋人の前でするゲップやおならがすぐに思い浮かびますね。

森　田　定番だよね。それで言うと俺は、女友達から**カレシのおならが嬉しかった**という話を聞いたことがある。

ワッコ　えー。おならされたら普通はイヤですよね!?

森　田　そのカレはスマートで優しくて頭も良く、かつイケメンという「完璧」に近い男性だったんだって。でもその隙のなさゆえに、半年くらい付き合っても彼女はどこか距離を感じていた。そんなある日、彼女の家でいつものようにふたりで過ごしていたら、**カレが不意におならをした**。

清　田　はじめてのおならだったのかな。

森　田　そうだったみたい。彼女が驚いてカレのほうを見たら、恥ずかしそうに笑っていたらしい。その感じがすごくよくて、彼女は嬉しくなったと言ってました。

ワッコ　**屁が嬉しかった**。

清　田　ずっと隙を見せてこなかったカレがちょっと油断したってことだよね。彼女にとっては「私に気を許してくれたんだ」と感じられたのかもしれない。

オナラによって愛が壊れることもあれば深まることも……

ワッコ　これ、**真実の屁**だったからよかったんだと思うんですよ。

清田　真実の屁!?

ワッコ　しようと思ってしたわけじゃない、という。ふざけて出した屁だったら、グッとこなかったかもしれないですよね。出ちゃった系の**天然の屁**だからよかった。**養殖の屁**じゃなくて。

森田　魚じゃないんだから……。じゃあ、寝っ屁はどう？　寝てるときのあれは、まさに天然モノだよね。

清田　それはもう油断ってレベルじゃないでしょ。

森田　ただささ、**睡眠は究極の油断**なんじゃないかなと思うんだよ。寝てるときって完全に無防備でしょ。これはすごい油断ですよ。

清田　言われてみれば確かに。寝顔も寝相もコントロールできないしね。気を許した相手とじゃないと安心して寝られないと思うし。

ワッコ　仕事で男子高生と話したときに、「**授業中に我慢できずについ寝ちゃう女の子を見て好きになってしまった**」って話を聞いて、それも油断と関係してますかね？

清田　無防備な感じにキュンとするというのはあるよね。

生理の話をするのは、いい油断？

ワッコ　屁とは違うんですが、カレシと仲良くなってきたら生理の話を遠慮なくするっていうのはありますね。「**今日、血がじょばじょば出てるわー**」みたいな。

森田　生々しいね……。

ワッコ　生理の描写は女子同士ではよくするけど、男性だと、いくら仲のいい友達でもあんま言えないんです。でも、カレシには言えるようになる。

清田　気を許すと話せるようになるってことなの？

ワッコ　はい、個人的にはセックスの話よりハードルが高くて。そういえば昔、付き合いたてのカレシと旅行にいくとき、生理だっていうのが言いづらくて**時期がかぶらないよう**

にこっそり薬で調整したことがあります。でも付き合いが長くなってきたら、普通に「旅行中生理だわー」と言えるようになりました。女性から生理の話されることあります？

清田　あるある。妻からもよくされる。

森田　女友達から「いま生理が重くて大変」と言われ、心配しつつも、話してくれて嬉しいと思ったこともあった。

清田　気を許すとかオープンになるってところは、油断のポジティブな側面だよね。

「泥酔からのおもらし」が恋のきっかけに!?

森田　酒を飲んだときは、割とあっさり無防備になっちゃうよね。

ワッコ　酔うと油断しますよね。これは男性の知り合いに聞いた話なんですけど、飲み屋ではじめて会った女性にゲロを吐かれたらしいんですね。しかも、**買ったばっかりのカバンに！**

清田　マジか……普通だったら引かれちゃいそうな場面だね。

ワッコ　でもそのふたりは後日付き合ったんです。これって、お酒の力によって油断状態が露わになり、それが男女の関係を進展させたということなのかなと思いました。

清田　なるほど。最初にゲロを吐いちゃったことで、図らずも距離がグッと縮まったのかもしれない。そうそう見せない一面を見せたという意味では自己開示的でもあるし。

森田　そういえば俺も、知り合いの夫婦から似たような話を聞いたことがある。そのふたりの場合はゲロではなくてうんこだったんだけど。

ワッコ　これ大丈夫ですかね？　屁だゲロだうんこだって。

森田　確かにいつも以上にシモの話ばかりだな……。その夫婦の場合は、ふたりがまだ恋人として付き合ってるときに彼女が泥酔して気を失い、飲み屋のトイレでかなり盛大にもらしちゃったことがあったんだって。**トイレの壁がうんこビチビチ**になっていたらしい。

清田　壁がビチビチって……どうやったらそういう状況になるのよ？

森田　不思議だよね。とにかく凄惨な状況で、店員さんに処理をお願いできるようなレベルではなかったみたい。でもそれを彼がイヤな顔ひとつせずに処理して、彼女を家まで連れて帰って介抱した。翌日、自分が何をしたのかぼんやりと覚えていた彼女が「これはさすがにフラれるだろうな」と思いつつ謝ったら、彼は笑いながら「**なんか家族みたいだよね**」と言ったんだって。彼女は心から感動して、それが実質的な結婚の引き金になったらしい。

清　田　**汚いけど美しい話だね。**

恋人が油断してくれないさみしさ

ワッコ　今の話を聞いていて、昔付き合っていたカレシがわたしの前ではじめて泥酔したときのことを思い出しました。彼が飲み屋のトイレで吐いてふらふらになってるから、うちに連れて帰ったんです。

森　田　確かに状況は似てるね。

ワッコ　ですよね。ただ、彼はうちでもトイレにこもって、わたしが水を差し入れたりしても、「ほっといてくれ」と**ケアを断固拒否してきた**んです。しかも最終的にはうちのトイレを出てそのまま自分の家に帰っちゃったんですよ。そのときは悲しかったですね。介抱してもかまわんよと思って家に連れてきたのに……。

森　田　カッコ悪いところを見せたくないって思ったのかな。

ワッコ　そうかもしれないです。もうほとんど意識を失ってる状態だったから、深層心理でその行動をしてるんだなと思ったら、すごくさみしかった。**極限状態なのに頼られない**

わたしってどういう存在なんだろうと。
清　田　油断や弱い部分を絶対に見せたがらない人っているよね。でもそれは、相手にとってはさみしさになる。強がってる側は、まさか相手がそんな気持ちになってるだなんて気づいてないだろうけど……。
森　田　ワッコの口から「さみしい」という言葉が出るのは珍しい気がする。よっぽどだったんだろうなと想像して、なんかすごく心に染みたよ。
ワッコ　そうですか？
森　田　ワッコはいつも自分のエピソードを突き放して話すところがあるから。
清　田　確かに。さみしいと思うこともあるんだね。
ワッコ　さみしいですよ！　昨日の夜中なんて、マッチングアプリのペアーズで**男性70人ぐらいに手当たり次第「いいね！」**を押しました。**このままだとさみしくて死ぬ**と思って。
清　田　永田カビさんの『さびしすぎてレズ風俗に行きましたレポ』（イースト・プレス）的な……。
ワッコ　カレシがいてもさみしいし、いなくてもさみしいという、さみし人生ですよ……うう。
森　田　染みるなぁ。

油断が「ホモソーシャル」を優先させる

ワッコ　さっき話したケアを拒否したカレシから、「どうせモテないでしょ」とか「浮気する相手すらいなそう」とか、「お前みたいなタイプは需要がない」みたいに言われ続けてたんですよ。このdisは油断ですよね？

清田　それは**油断というよりモラハラ**では……。

森田　それはむしろ油断してないんだと思うよ。「お前はモテないから俺から離れないほうがいい」って言ってるわけじゃない？　つまりワッコの価値を下げることで、自分の存在価値を相対的に上げようとしているんだよ。**カレシとしての地位を守るのに必死**な印象を受ける。

清田　相手の自信を低下させて縛ろうとするのは、モラハラ男のやり口だよね。言われたワッコはどういう気持ちになったの？

ワッコ　まあ、「**ハァ⁉**」とは思いましたけど……実際には「ほんとモテないんだよね～」とへらへらしてしまいましたね。

清　田　あ～、わかる。俺も仕事とかで、相手から明らかに失礼な対応をされても、その場ではへらへらしちゃって、あとから自己嫌悪することがあるわ。

森　田　相手のことを舐めてると、それが油断の言動として現れるよね。

ワッコ　そういえば少し前に、女友達からすごく不快な話を聞いたんですよ。合コンで知り合ってセックスする関係になった男子に、ある夜電話したら、電話の向こうからアメフト部のOB集団による「出た！ビッチ！」、「ヤリマン！」みたいなコールが聞こえてきたんだって。

清　田　最悪すぎる……。セックスしたことをネタにするその男も、はしゃいでる周りの男たちにも絶望しかない。それっていわゆる**「ホモソ（ホモソーシャル）」と呼ばれる世界**だよね。ホモソは〝男の絆〟や〝男同士の連帯〟を意味する言葉で、男子校的なノリをイメージしてもらえると一番わかりやすいかなと思う。女性蔑視的な価値観を共有するのもホモソの典型なんだって。かくいう俺も中高一貫の男子校出身で、かつては男の悪ノリ優先主義みたいな価値観にどっぷり浸かってました。その世界では「面白いやつ」、「バカをやるやつ」が一目置かれがちで、自分自身それについていこうと必死だった。

森　田　清田と俺が知り合ったのは予備校生のときなんだけど、確かに当時の清田はそういう「面白いやつ」というイメージが強かった。

清田　大学生の頃もまだその価値観を引きずっていて、恋人にひどいことをしてしまったこともあるのよ。
ワッコ　何をやらかしたんですか？
清田　その彼女もふくめた男女８人で、とある湖へ旅行に行ったときの話なんだけどね。みんなで湖のボートに乗ろうということになり、俺と彼女はふたりでスワンボートに乗り込んだ。それぞれのボート同士が近づいてキャッキャ揺らして遊んだりしてね。
ワッコ　さわやかな青春シーンですね。
清田　うん。でも、そこで俺は「何かオモシロを入れてかないと」と思い、男友達のボートが隣に来たタイミングを見計らって……**スワンボートの中でおしっこをしたんです。**
ワッコ　ええー……っていうかそれ、面白いんですか？
清田　最低すぎて今となっては恥ずかしさしかありません……。男たちはゲラゲラ笑っていたんだけど、彼女はドン引きしていた。スワンボートの底にはおしっこが溜まってて。
森田　あー、想像してどんよりした。
清田　なんでそんなことしたんだろうと考えるに、たぶん「恋人が乗ってるスワンボートでおしっこできちゃう俺」をその場にいる男友達たちに見せつけたかったんだと思う。

森　田　隣にいる彼女よりも、**ホモソ内での評価を優先させた**ってことだよね。その裏には「彼女はそんな俺を許してくれるだろう」という油断があったんだろうねえ。

清　田　彼女めっちゃドン引きしてて、その後しばらく口をきいてくれなかったんだけど、当然の罰ですよね……。

ワッコ　ホモソの世界では、「普通にカノジョと仲良くていい感じに付き合ってる」っていうのはサムいんですかね。だからなんとかしてオモシロ方向に持っていかなきゃとあがくんでしょうか。

清　田　まさにそんな感じだと思う。これって子どもから大人まで、男性社会の中で連綿と続いている感覚のような気がする。サラリーマンもさ、「家で妻と子どもが待ってるから飲み会帰ります」ってストレートには言えないじゃない。だから、**「嫁がコレで（鬼のポーズ）」**とか言って男性社会の許可を得ようとする。……たとえが昭和すぎるかな。

森　田　いや、少なくとも俺が勤めてる会社には、そういう男性は普通にいる。ホモソ内には同調圧力みたいな空気もあるよね。根深いよ。

許せる油断・許せない油断の境界線とは？

森　田　清田のホモソ油断は彼女を怒らせてしまったわけだけど、**相手の油断が漏れてきたときに**、許せるか許せないかっていう問題はあるよね。これについては〝漁師の娘〟さんが逡巡しているみたいで。娘さんは少し前に結婚したんだけど、深夜に帰ってきた夫がそのまま下着で寝ているときに、**トランクスからいろいろはみ出ている**のを発見してしまうんだって。彼女はそれがあんまり好きじゃない。ただ、「それくらいの油断は許すべきなんじゃないか」とも思うから、何も言えないみたい。

清　田　なるほど。娘さんにとっては**トランクスからのポローン**はナシだけど、彼にとってはそうじゃないわけだよね。

ワッコ　娘さんが「ちんこのポローンくらい許すべきなんじゃないか」って感じるのは、彼が普段はちゃんとしてるからなんじゃないかなと、ちょっと思いました。いつもだらしない人のポローンだったら許せない一択で逡巡しない気がして。こういうときって油断行動といつもの素行との距離が試されているんじゃないかなって。

清田　じゃあ、堺雅人みたいな人のポローンは許せるってこと？

ワッコ　堺雅人のポローン？　……**ごほうびじゃねえか**。

清田　長谷川博己のは？

ワッコ　それもごほうびです！　って、そういうことじゃなくて、普段がきっちりしてれば、ポローンしていても「今日は本当に疲れてるんだな」と思って許せるんですよ、きっと。

清田　なるほどね。今のは男性のポローンについてだったけど、じゃあ女性のポローンはどうなんだっていう話もあるよね。

森田　男性的な油断と女性的な油断との違いはありそうだし。

男の油断に甘く、女の油断に厳しい社会

ワッコ　男性の油断といえば、「**自分の父親みたいな感じに近づいてるカレシがイヤ**」という声はよく聞きます。

森田　ニオイ、体型、服装なんかが「おじさん」化していくあれね。

ワッコ　昔を思い出すと、父親の部屋って入った瞬間くさくて。恋人があそこに近づいていくと思うとつらい。「ありのままでいたら、ああなっちゃうの？」って。しかたないとはいえ、ねえ……。

清　田　俺と森田はもうアラフォーなので、他人事ではいられない問題よ。

ワッコ　男性から見た女性の油断エピソードはないんですか？　わたしはカレシと会う日にノーメイクだったとき、**「俺の前で気を抜きすぎてない？」**と指摘されたことがありますが。

清田＆森田　えええ⁉

清　田　その感覚、マジでわからないわ。恋人がメイクをしてる日としてない日があるのはわかるけど、それがなぜ油断ってことになっちゃうの？

ワッコ　**カノジョに〝現役感〟がなくなる**のを、男性は嫌がるんじゃないですかね。

清　田　「女を捨ててる」みたいな絶望的な言葉もあるもんね……。そういう意味では、男よりも女の人のほうが圧倒的に油断しづらい社会だと思う。たとえば男性がおならをするよりも、女性がおならをするほうが許容されづらいってのは確実にあるわけで。

森　田　マナーや外見に関する油断については男女格差が確実にある。

実録・森田の鼻毛パトロール

森　田　……と、偉そうに話してるけど、実は俺も妻に「厳しい」と言われることがありまして。うちの場合は**妻の鼻毛**なんですけど。

ワッコ　鼻毛！　さらっと言いましたけど、その話ここで出して大丈夫なんですか？　おくさん怒りません⁉

森　田　ちゃんと許可とってあるから大丈夫……だと思う。だから続けるけど、うちの妻は鼻がちょっと上を向いているんだよね。そうすると、鼻の穴が人より見えるわけ。

清　田　俺から注釈入れときますが、森田妻は美人ですからね。欅坂46の平手さんにそっくりだなって会うたび思うもん。

森　田　うん、俺も美人だと思う。でもまあ、**鼻の穴は普通よりオープン**だから、中の毛が見えやすいんだよ。不利なんだよね。

ワッコ　有利不利の問題なんですか⁉

森　田　俺はそう思ってるんだけど、ただ、彼女は不利な割に無頓着なところがあって、たまに毛が見えてることがある。それが気になるから指摘するのよ。

清田　やばい、**鼻毛警察じゃん……**。

森田　いや、俺が気になるだけじゃなくて、会社とかで見えてたらそれは彼女にとってもよくないのではないかと思って。

ワッコ　「彼女にとって」という表現、ハラスメントの匂いがしますよね。

清田　するする、ハラの匂い。**鼻毛モラハラ！**

森田　そうか、そうだよね、気をつけます……。とはいえ俺は鼻毛警察として日々勤しんでいて、自分の鼻毛カッターを妻と共用するようにしてるんだけど、ある日ふたりで電車に乗っていたら妻の鼻から毛が見えていたことがあった。

ワッコ　移動中にもパトロール!!　なかなか厳しいですね。

森田　そのときはどうしても気になったから「ちょっと見えてるよ」と伝えた。そしたら「じゃあ抜いて」って言われてね。

清田　気になるならおまえが抜けと。

森田　それで駅の改札脇の物陰に行きまして。

清田　キスでもするのかと思ったら……。

森田　顔を近づけて、手で鼻のあたりを隠して、**鼻の穴に指を入れてエイヤッと抜い**

た。
ワッコ　すごい絵ですね。
森　田　つい先日、妻に「あれは油断なのかな」と聞いてみたの。そしたら「私が油断してるわけじゃなくて、森田さんが過剰に気にしてるだけでは？」と言われた。
清　田　やっぱりハードルが高すぎるんじゃない？　妻の鼻毛にそこまで厳しいチェックが入るのは、まさに油断の男女格差って感じがする。
森　田　確かにね……。ただ、その後も何回か同じようなことがあって、そういう意味ではハードルが下がってる気もするんだよ。別にたいしたことでもないかなって。
ワッコ　鼻毛が出ててもとりたてて騒ぐことはなくなったと。
清　田　ちょっとほっこりする話ではあるね。
ワッコ　ふたりを想像したら毛づくろいみたいでかわいいですよね。あと、森田さん側が気にしてる一方で、おくさん自身はあまり鼻毛に囚われてる感じがしないところもおもしろいです。
清　田　鼻毛警察が近くにいるから、彼女はむしろ安心してるところもあるんじゃない？
森　田　あ、それはちょっとある。最近は出てることを指摘しても「森田さんのせいだ」みたいに責められるし。**妻の鼻毛は俺の管轄**になっている。

清田　「ちゃんとパトロールしといてもらわないと困りますよ！」ってなってるんだ。

森田　そういう意味では、安心して油断できる関係なのかもしれない。

ワッコ　モラハラ疑惑から一転、いい話ふうになった!!

男女のポローン格差と清田の生涯ポローン宣言

清田　メイクも鼻毛もそうなんだけど、**女性が受ける油断ジャッジメントのほうが圧倒的に厳しい**のはどうなんだろうねぇ。たとえば〝漁師の娘〟さんは夫のポローンを「これくらいは仕方ないか」と許容してたけど、これが逆だったらどうなるのかって話でもあって。

ワッコ　**ちんポロではなくまんポロ**ですか。

森田　そもそもそういうシーンがあまり想像できないが……ちんポロは許されるけどまんポロは許されなさそうな気がする。**ポローン格差とも言うべき問題**だね。

清田　笑いの文脈でちんこを出すことはあっても、同じことをする女性はいないもんね。

森　田　ホモソっぽいノリの飲み会では、ちんこを出すのは定番ネタみたいになってるからなぁ。ここはかつて「ちんこを出す男」だった清田に聞きたいところかなと。ポローン清田は、**自分のちんこが世界に受け入れられる**と考えてたわけでしょ？

ポローン清田　そうですね。特に俺が通ってた男子校では、ちんこを躊躇なく出せるやつが偉い、みたいな感じはあった。Ａｍａｚｏｎプライムでやってる松本人志の「ドキュメンタル」でも、一流の芸人たちが笑いを取るためにちんこ出しまくってるけど、あれもホモソの世界だなって思う。

ワッコ　まんこを出しちゃったら笑えないですよね……。知り合いに、**飲み会で酔っ払うと全裸になる女性**がいるんですよ。

森　田　その場に男がいても脱ぐの？

ワッコ　脱ぐんですよ。ただ、男性の全裸に比べて周りは明らかにリアクションとりづらそうですけど。**ホモソも沈黙**みたいな。

森　田　女性の全裸はアナーキーだよ。

清　田　見る者の意識が問われる行為だよね。

ワッコ　**インスタレーションかな？**っていう。

清　田　それこそ「ドキュメンタル」では、女性芸人のゆりやんレトリィバァが堂々とおっぱいポローンしてて場の空気をかき乱していた回があったけど、それに比べると、ちんポロにはたいした批評性もないし、覚悟も問われない。

ワッコ　ちんこはまわりの圧力に屈して出すイメージ。

森田　でも清田がかつてちんポロしていたのは、ホモソの圧力だけじゃないよね。現に今は、妻の前でふざけてちんポロしたり、おならしたりするわけでしょ。それって単に面白いから、好きだからそうしてるんだよね？

清田　……そうなんですよ。妙な解放感があって気持ちいい。**家では一生ポローンしていきたいです。**

ワッコ　〝生涯ポローン宣言〟出ました。

森田　それが清田にとって一番リラックスしている状態なんだろうね。

清田　油断という言葉は、そもそも「注意を怠る」という意味らしいんだよ。誰でもお付き合いの初期は、相手に好かれるために気を引き締めて印象をつくるでしょ。でもだんだん気が緩んでいくと、根底にある価値観や素の状態の自分が出てくる。その「油断して出てきた自分」が相手にとって嫌じゃないかどうかが、すごく重要なことだと思うのよ。もしも俺が妻にちんポロやおならを受け入れてもらえなかったら、もしかしたら一緒にいるのは難しかったかもしれない。**ポロっと出てしまう価値観**が相容れないと、「この人と一緒にいるのは無理かも」ってなるよね。

森　田　ワッコは何かポロっと出ちゃうものってある？

ワッコ　わたしは意外と「おセンチ」かもしれないです。

清　田　ああ、なるほど。確かにワッコはたまに**おセンチがポローン**するかも。さみしくてペアーズで「いいね！」しまくるようなワッコだよね。おセンチワッコ。

ワッコ　おセンチワッコ、清田さんと森田さんにはたまに見せるかもですが、特に恋愛ではほとんど誰にも見せたことがない。ポロっとできる相手と出会えるといいんですけど、今はその気配が1ミリもない。

森　田　きっと出会えるさ。

ワッコ　Jポップみ……なんか適当に慰められた感じ!!

セックスは究極の油断？

森　田　**セックスと油断**の話が、意外とまだ出てなかったな。

清　田　考えてみたらセックスって究極の油断だよね。そもそもお互い裸だし。

森　田　**冷静に考えると裸はやばいよ。**
ワッコ　いい大人がふたりして全裸になるって、すごいことですよね。
清　田　裸に対する緊張感は、セックスする前と後で如実に変わるよね。それで思い出されるのは、昔付き合っていた**カノジョとはじめてセックスをしたときのこと**なんだけど。
ワッコ　はじめての相手の前で服を脱ぐのって緊張しますよね〜。
清　田　その彼女も、セックスをする前は脱ぐのも恥ずかしそうにしてたのよ。でもセックスが終わってまどろんでいたら、彼女はおもむろに立ち上がり、**全裸のまま冷蔵庫にジュースを取りに行った。**俺は「さっきまであんなに恥ずかしそうだったのに！」と、そのギャップに驚いたんだけど……。セックスのあとは裸を見られるハードルが下がる感覚って一般的なのかな。
ワッコ　たしかに一回まんポロしちゃえば、緊張感は弱まるかも。わたしの場合はTシャツとパンツくらいはすぐ身につけますけど。
清　田　そういえば俺、冷蔵庫に向かうその彼女の裸を後ろから見て、「この人かわいいおしりしてるな」って思ったのよ。セックスしてるときって、実はお互いの身体なんてよく見えないから。
森　田　密接してるし、暗いことも多いからね。

〝まん屁〟は油断ではない

ワッコ　ちょっと思ったんですが、ちんこの平常時の状態は**形状として油断感がすごい**ですよね。

清田&森田　確かに……。

森　田　勃起してるときと比較すると、まさに油断している。今の今までそう考えたことはなかったけど。

清　田　セックスのときに女性が見るちんこは、基本的に緊張状態ということになるのか。でも、われわれの人生全体の時間を100としたら、おそらく98以上はぶらぶらした油断状態ってことになるよね。

ワッコ　**ほとんどが小文字のp**ってことですね。

清　田　小文字のpベースで、**たまに大文字のPになる**。

ワッコ　セックス後に小文字に戻ったpは急にかわいらしく見えたりしますよね。

森　田　女性器にも油断とかってあるの？

清　田　いわゆる〝まん屁〟とか？

ワッコ　**まん屁は油断じゃない**ですよ！　日常生活でもたまに出るし。わたしの場合、**ヨガとか行くと1分に1回は出るんです**。普通のおならみたいにスカしたりできなくて、必ず「ボッ」って音が出ちゃうので、それを咳払いで巧妙にごまかしてる。

清　田　セックス中に空気が漏れておならのような音がするのが恥ずかしいって話を何度か聞いたことあるけど、日常生活でも出たりするのね。

ワッコ　セックスしたあとだから出るとかそういうものじゃなくて、構造上出ちゃう感じなんです。わたしは昔からこれに悩んでいて。背がデカいからきっとまんこもデカいんだ……だからこんなことになるんだ……とよくヘコんでたんですけど。

森　田　じゃあ油断とかそういう話じゃないんだね。俺たちもそうだけど、多くの男性はおならと同じレベルの「油断」と思ってるんじゃないかな。

清　田　締めるべきところを緩めたことによって出るのかな、とか……。

ワッコ　まん屁は油断ではなく、不可抗力で出ちゃうんです!!　これ見出しにしましょう。

森　田　**まん屁は油断ではない。**

清　田　**まん屁は油断ではない。**

ワッコ　男性のみなさま、心に留めといてください。

清田の〝グン寝〟エピソード

森　田　ちんこが緊張してるとはいえ、セックスの最中って**生き物としてはかなりの油断状態**じゃない？

清　田　よく考えたら相当おかしな姿をしてるよね。

森　田　俺はセックスしてるとき、「こんなおかしな体勢で腰をへこへこ動かしてるの、へんだよなあ」と思うことが今でもある。

ワッコ　わかる。神様的なものがこの仕組みを考えたの、クソ面白いなって思います。**「片方は穴で、片方は棒にしよう！」**みたいな。そのアイデアにじわじわきてしまう。

清　田　お互い変な液体とかも出すし。

森　田　「穴と棒」は、陸上に進出した生物における進化の妙だとは思うけどね。水中にいる魚類なんかは「たくさんの卵に精子をぶっかける」というやり方なので。

清　田　いきなりサイエンス！　いや、セックスが行為として尊いのは大前提ですが……。

ワッコ　あれをめぐって自分が心を悩ませてるんだと考えると、なんだかなと思うこともありますよ。

清田　もし自分がセックスしてる姿を俯瞰のカメラで撮られてたら……直視する自信ないわ。見たら100パー死にたくなると思う。

森田　ただ、セックスのときは興奮してるから、ふつう本人の意識としてはあまり油断してない気がするんだけど……ここにいらっしゃる清田さんは**クンニの最中に寝た**ことがあるんだよね。

ワッコ　えっ、寝たんですか⁉　どういう状況ですかそれ。

清田　もうずいぶん昔の話なんだけど……飲み会で知り合った女性とエロい感じの流れになったのよ。互いにかなり飲んでたんだけど、先方も非常に積極的だったから、俺は目の前のチャンスを逃すまいと、必死にがんばったのを覚えている。

ワッコ　今の清田さんからは想像できない状況ですね。

清田　しかし何しろ酔っ払ってしまっていて……段々睡魔に飲まれていき、とうとう**クンニの最中に寝落ちしてしまった**というわけです。

ワッコ　クン寝ですね！

森　田　語呂がよすぎるよ。
ワッコ　お相手の女性はどうしたんですか？
清　田　「お前なんなの？」って感じで怒ってた……。そりゃそうだよね、興奮しながらあそこを舐めてたやつが、突如動かなくなって股の間で居眠りしはじめたんだから。
ワッコ　それって油断なんですかね？　お酒の油断ってこと？
清　田　確かになんの油断なんだろう……。寝まいと必死に意識を集中させていたはずなんだけど。
森　田　でもまあ、そこで眠れちゃうのは逆にすごいよね。興奮してるんだかリラックスしてるんだかわからない。
ワッコ　さすが**ゲラセク主義者**。肩の力が抜けてますね。
清　田　笑いを求めてクン寝したわけじゃ決してないけど……俺はセックスにおいて、リラックスした状態がむしろいい効果を発揮してるんじゃないかと考えていて。というのも、いざセックスってときに勃たなくなることに悩む男性の話をたまに聞くけど、あれは精神的な緊張、つまり「**勃たなかったらどうしよう**」、「ちゃんとできなかったらどうしよう」という不安が大きな要因だと思うのよ。
森　田　それは確かにあるよね。清田にはそういう経験が皆無で、どんなときでも勃起できるから「鉄人」という異名がつけられていた。

ワッコ　**アイアンマン清田！**　ギンギン感がすごい！

アイアンマン清田　鉄人とか言われるとすごく雄々しい感じがするけど、「リラックスしてる＝勃起を阻害するものがない」という感じなんだと思う。だから別にギンギンとかではなくて、**ただ勃っている**という状態に過ぎない。

森　田「ただ勃っている」……存在論的な表現だな。

ワッコ　カッコいい。

清　田　逆に言うと、雑談とかゲラセクがNGな女性だと妙に緊張しちゃって勃たない可能性もある。たとえば「お前はこんな場面で何をべらべらしゃべってんの？」とか言われちゃうと、どうしていいかわからなくなると思う。

森　田　一般的なイメージでは、セックスは色気のあるムーディーな雰囲気でするものだからね。ムーディーって、油断と逆方向だから。

ワッコ　ムーディーであらねばと思いつつ、実際の行為としてはわりとウケる、っていうのがセックスの難しいところですよね。

森　田　体勢としては圧倒的にまぬけだからなぁ。もちろんセックスは精神的なつながりを深めるための営みでもあるから、マジメにやらなきゃとも思うんだけど。でも笑いがあるからといって、真剣じゃないわけでもない。

ワッコ　セックス観は人それぞれですしね。前にも話しましたけど、わたしはセックスのときは全然余裕がないから、最中にふざけたりできないんですよね。それって見方を変えると、「まったく油断していない」ということなのかなと思いました。もしいきなり笑われたりしたら、「え？　わたし何かミスった⁉」って焦りそう。

油断とセックス、あるいはセックスレス

森　田　勃つ勃たないの話が出てきたけど、**油断とセックス**って実は真剣に考えなきゃいけない問題じゃないかと思うんだよね。というのは、これってセックスレスにつながる話なので。恋人でも夫婦でも、長く一緒にいたら基本的には油断していくものでしょ？　言うなれば**油断に向かって全力疾走してる**ようなところがあるはずで、セックスもそういう状況の中で行なわれる。

清　田　油断してる時間が長いほど精神的には楽になるし、油断には自己開示という側面もある。一方で、**あけっぴろげになるとエロスが減っていく**ことが多いというのも事実で

……確かにセックスレスの背景には、そういった構造的な問題が絡んでいるのかもしれない。

森田　「もう男・女じゃなくなった」みたいな。

ワッコ　「家族みたいになった」とかもよく聞きますよね。見せてない部分が多いほうが、エロスは生まれやすいってイメージは確かにあります。

清田　かと言って、油断しきったところから急に「隠す・見せない」方向に行くのも無理がある。いきなりムンムンのエロスになるのも不可能だろうし……。

森田　どうしたって油断はするんだから、むしろ**油断状態のままセックスに入っていける方法**を考えたほうがいいんじゃないかと思うんだけどね。つまり、油断を肯定的に捉えてみてはどうかと。

清田　具体的にはどういうこと？

森田　あくまで捉え方の話なんだけど、まず、家族（みたいな存在）とか友人（みたいな存在）とセックスするほうが、**むしろ倒錯していて変態性が高い**と思うんだよ。それこそがエロスなんじゃないの？っていう。

清田　出た、**森田の変態理論**。

ワッコ　森田さんがよく話している「家族とあんなことこんなことしてるのが実は一番エ

ロいんじゃないか説」ですね。

森田　そうそう。あと、**リラックスしている「日常」があるからこそ「祭り」が盛り上がる**という面もあると思う。いわゆるハレとケの関係だね。たとえばうちの夫婦の場合は月に3、4回セックスしてるんだけど、セックスする日＝祭りの日は、あらかじめふたりで決めている。

ワッコ　「祭りの日」以外はしないんですか？

森田　基本的にはしない。祭りの日ってずれないでしょ？

ワッコ　「決まっている」というところに、情緒のなさみたいなのを感じる人はいそうですよね。

森田　それは目的をどこに置くかの違いな気がする。**要は祭りが盛り上がればいい**わけじゃない？　「祭りの日が決まっている」ということが、盛り上がらない原因にはならないでしょ。その場の気分や雰囲気に任せ過ぎると、すれ違うことも多いんじゃないかなぁ。

清田　すれ違いがきっかけでセックスレスになってしまった夫婦の話は聞くよね。

森田　結婚して5年経つけど、今のところはこの〝祭りスタイル〟でうまくいってます。

清田　祭りか……。俺、昔から祭りが苦手なんだよね。東京の下町にある商店街で育って、小さい頃から祭りが身近にあったんだけど、全然楽しめなかった。だっておかしいじゃん、**お菓子屋さんや薬屋さんが祭りの日だけセイヤ！セイヤ！みたいになるの。**なんだよそれって思ってて。

森田　それ、清田がゲラセクにこだわる理由と構造的にはまったく同じだね。

ワッコ　清田さんはリラックスした日常の延長じゃないと勃たないんですもんね。

清田　あ〜、なるほど。俺はセックスのときだけじゃなく、そもそも興奮とか祝祭みたいなものが得意じゃないのかも。つまりハレが苦手ってことだよね。ゲラセクを好むのって、小さい頃から祭りを避けてたマインドとつながっていたのか。

森田　清田はフェスとか記念日系のイベントとか、ハレ全般を避けて生きてるもんね。まあ、根っこの部分はそうそう変わらないか。

清田　俺は**人生を全部ケにしたい**のかもしれない。

森田　ケ（＝油断）の延長のほうが興奮するっていうのは、一般的にはなかなか理解されないだろうねぇ。でもそれは、多くの人が囚われている「セックスに対する固定観念」を解きほぐすヒントになるような気もする。

ワッコ　また予想外のところに話が着地しましたね。

08

ケンカの火種

ケンカそのもの
ではなく、
「ケンカのきっかけ」
となったエピソードを
紹介していくという
ニッチな恋バナをお送りします。
実際ケンカのきっかけって些細なことが
ほとんどではないでしょうか。
ただ、「些細なことでなぜケンカするのか」を
改めて考えていくと、深刻な問題に
行き当たることもあるようで……。

森　田　こないだ会社で仲良しの先輩とお昼を食べてたら、彼がちょっと疲れた顔で「妻とケンカをしていて、３日も口をきいていない」と話していて。

ワッコ　森田さん、会社でも恋バナしてるんですか？

森　田　ふふ。恋バナ収集に余念がないでしょ。それで**ケンカの火種**はなんだったのか彼に聞いたら、「バターの取り方」だったんだよ。

清　田　どういうこと？

森　田　朝食のときに彼がパンにバターを塗っていたら、突然おくさんに「前から気になってたんだけど、それ横に削るのやめてくれない？　**縦に掘ってよ！**」と言われたんだって。それで「ふつう横に削るでしょ？」、「いや、うちでは昔から縦に掘るし」と言い争いになり、お互い口をきかない冷戦状態に突入したみたい。

清　田　『打ち上げ花火、下から見るか？横から見るか？』的な問題だよね。きっかけの些細さと、その後のケンカの深刻さとのギャップがすごい。でも、こういうことってよくある気もするよね。知人女性は、食器洗いのスポンジを縦に立たせておくか横に寝かせておくかで夫とケンカしたと言ってた……なぜかこれも**縦か横か**だな。

ワッコ　相手のやり方を見て、はじめて自分のこだわりに気づくこともありそうですよね。バターエピソードの彼女もおそらく、掘ることをすごく意識して生きてきたわけじゃないと思うんですよ。でも、だんなさんのやり方を見て、「あ、私はバターを横に削られると嫌なんだな」と気づいた瞬間があったんじゃないかなぁ。

森　田　確かにそうだね。一緒に住んでると細部を共有するようになるから、自然と気づきは増える。気づいた後はそのことばかりが目についちゃうだろうし。

省エネVS利便性、プリンターをめぐる思想対立

清　田　似たような話で言うと、うちはこないだ**プリンターを買ったんだけど。**

ワッコ　おー、また些細な抗争の気配が……。

清　田　俺はフリーランスだから、自宅で作業することが多くて。以前は原稿を刷り出して確認したいときに、いちいちコンビニまで行ってプリントアウトしていた。でもプリンターが来てからはPCのショートカットキーを押すだけになったからすごく便利で重宝していて。

森　田　フリーで在宅ワーカーの人がよくプリンターなしで何年も仕事してたな……。

清　田　家にプリンターあるのまじ便利だわ。妻も同様によく使うんだけど、ひとつ問題

があって、彼女は使ったあとに毎回電源を落とすのよ。待機電力が無駄になるのがイヤみたいで。

ワッコ　エコですね。

清田　うん。でもそれによって、俺がワンタッチでプリントアウトしようとしても電源が落ちているという事態が発生するわけ。「あれ？　反応しないな？」と、そのたびにプリンターのところまで電源を入れに行くことになる。常時接続しておきたい派の俺は、毎回ちょっとだけイラっとするんです。

森田　ワンタッチの便利さが大事な清田と、待機電力を抑えたいエコな妻との間で、小さな食い違いが生じているわけか。

清田　行いとして真っ当なのは向こうだというのはわかってるんだけど、自分の中には「そこは待機電力よりも利便性を優先させてもいいのでは？」という気持ちが正直あって。

ワッコ　なるほど。それはケンカの火種感がかなりありますね。おくさんも、電源入れっぱなしの清田さんにイラっとし続けてる可能性が高そうですし。

森田　よく似た話を女友達から聞いたことがある。彼女は、夫が家で食器を洗うときに**水をじゃーじゃー出しっぱなしにする**のがすごく気になると言っていた。彼女の家では小さい頃から母親に「水を出しっぱなしにしてはいけません」と厳しく言われてきたから、じゃーじゃーに対してすごく敏感らしいんだよね。

清田　電源つけっぱなし派の俺が言うのもアレだけど、じゃーじゃーはめっちゃ気になるな……。

森田　それであるとき夫に対して「じゃーじゃーは止めて」と言ったら、「これを止めることで、**どれくらい水道代に影響あると思う？**　たいしたことないでしょ」と反論されてケンカになった。聞くと彼の実家は〝じゃーじゃースタイル〟だったらしい。

清田　もはや**「宗派」が違う**って感じだよね。経済的合理性や便利さ至上主義なのか、エコロジー的な倫理を優先するのか……話し合っても平行線をたどりそう。

ワッコ　生理的な感覚の違いもありそうですよね。気持ち悪いかどうか、みたいな。

清田　そういえばシティボーイズのコントに、「人は水道の水を出しっぱなしにした状態でどのくらい家を離れられるか」みたいなネタがあったな。「いやあ、私はこのまま戻ってきませんよ」とか言って、出しっぱなしのまま家を出るんだけど、「ああ、だめだ！」、「気になってしまう！」とすぐに戻ってきちゃうという。

森田　言われてみると、清田のプリンターの話も、じゃーじゃーの話も、状況がちょっとコント的だよね。本人たちは至って真剣なんだろうけど。

ケンカの火種は「氷山の一角」

ワッコ　今の話を聞いて思い出したんですけど、わたしの友達が夫と買い物に行ったとき、**豆腐売り場でケンカしたら**しいんです。

清田　豆腐でケンカ？

ワッコ　その子は買い物をするときに、**できるだけ賞味期限が迫っているものを選ぶ派**らしいんですよ。だからそのときも、２日後が賞味期限の豆腐を買おうとした。そしたらだんなさんが「なんでわざわざ古いものを買うの？　**値段は変わらないんだから、新しいのを買おうよ**」と言ってきたらしいんですね。俺たちが食べるものは新しいほうがいいよ、って。

森田　なるほど。彼のように考える人のほうが多そうではあるよね。

ワッコ　そこで彼女はブチギレて、「これ、あと2日で廃棄になっちゃうんだよ？　もったいないじゃん。私たちは今日食べるんだから、古いのを買ったほうがいいよ」と主張した。だけどだんなさんは、「でも僕は……新しいものしか食べたくない！」と言って、引

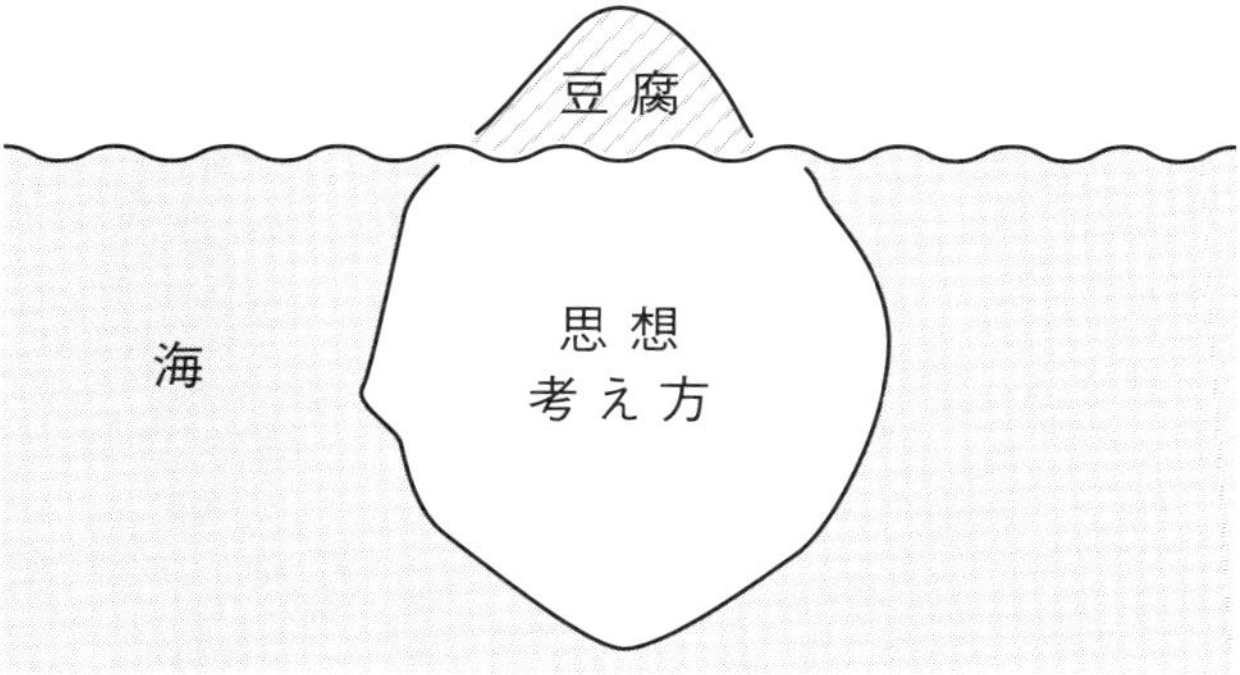

豆腐は氷山の一角にすぎず、水面下には思想や考え方の対立が存在している

かなかったんですって。

森田　彼女の真っ当さと比較すると、駄々っ子性が際立つな。ただ、これも根本的な思想が違う感じだよね。

清田　彼女は全体のことを考えていて、地球にとっていいことをしようとしている。でも夫は、自分のことしか見えていない。ただ、夫が完全に悪者なのかっていうと、そういうわけでもないような気がするから難しい。

ワッコ　そういう思想って、夫婦やカップルで必ずしも一致してるわけじゃなさそう。

森田　どちらかが譲歩したり、折衷案が出てきたりすればいいんだけどね。それにしても、豆腐という廉価な食材をめぐって思想対立が起こってること自体がおもしろいなぁ。ケンカの火種ってそれ自体は氷山の一角みたいなもので、**水面の下の見えてない部分が大きい**んだろうね。

屁理屈で開き直る夫、会話をする気が失せる妻

清　田　生理的な感覚や思想信条は人によって違うから、擦り合わせはなかなか難しいよね。俺のプリンター話の場合、良し悪しを問われると何も言い返せないのよ。電気代はふたりの問題だし、地球レベルで見ても無駄な電力は少ないほうがいいわけで、それをできるだけ抑えたいという彼女の主張は絶対的に正しい。しかも俺は、**普段はどちらかというと原発反対的なことを言っている人間**なので、「そのくせプリンターの電源はつけっぱなしにしておくのか」って矛盾も生じるという……。

ワッコ　でも清田さんには「自分が悪いんだけど……」という認識がちゃんとあって、その上で目をつぶってほしいと言ってるわけじゃないですか。その認識があるとないとではだいぶ違うと思う。

清　田　そうだろうか。

ワッコ　そうですよ。そこで「俺は悪くない！」って開き直る人もいますからね。これは

女友達から聞いたんですけど、夫がお風呂に入ったあとに洗面所へ行くと、いつも顔や手を拭くためにかけてある**小さなタオルがびしょ濡れになってる**らしいんです。

森　田　怪奇現象……。

ワッコ　その友達も、「なんでだろう？」と思って観察してみたら、夫は風呂上がりにバスタオルじゃなくその小さいタオルで全身を拭いていたことが判明して。それで彼にバスタオルで拭いてほしいと言ったら、「**狭い面積で拭いてあげてる**んだから、むしろよくない？」と反論されたらしいんですよね。

清　田　男子っぽい屁理屈だなー。

ワッコ　狭い面積でがんばってる俺を評価してほしいというドヤ感を出されて、それ以来彼女は夫と会話をする気もなくなったらしいんですけど。

森　田　バスタオルを小さくするのはだめなの？

ワッコ　要はこれ、「バスタオルを棚から出すのが面倒くさい」ってだけなんですよ。夫の股間を拭いたタオルで自分の顔を拭いていたことがわかって、彼女はすごく気持ち悪くなったと言ってました。

清　田　そうなると夫はまた、「**風呂に入ったあとなんだから汚くない！**」ってさらなる屁理屈で返してきたりして……。

ワッコ　まさにそう言われたらしいです。「は？　俺のこと汚いとか言うわけ？」と、逆ギレ気味のテンションで。

清　田　マジか。指摘に対して屁理屈で返しちゃうと、ケンカの火種に火をつけることになるよね。彼女からしたらすっげえ腹立つと思うし。

ワッコ　「すまんが目をつぶってくれ」という態度じゃなくて、**開き直った俺イズム**でこられるとムカつきますよね。

清　田　しかもおそらく彼には確固たる意志なんてなくて、その場しのぎの適当なロジックで屁理屈をこしらえてるだけなんだと思う。

森　田　「バスタオルを棚から出す」という小さなコストを削減した結果として「気持ち悪く思われる」機会を増やしているわけで、長い目で見たらデメリットのほうがはるかに大きいだろうね。「気持ち悪い」って生理的なものだから、挽回がすごく難しいと思うんだよ。

清　田　しかも「拭いてあげてる」という物言いが示すように、彼がバスタオルを洗ってるわけではなさそうなのがさらにつらい。「洗濯物を減らしてあげてるんだからむしろ偉いじゃゃん」的な気持ちもあるんだろうな。

ワッコ　確かに、彼の人間としての「低み」が露呈する結果になってしまった。友達は、ケンカする気も失せるぐらい夫に絶望したそうです……。

〝そもそも論〟に降りるとケンカは爆発する

森　田　〝いつもの先輩〟は、**焼肉の焼き方**がケンカの火種になったと話していた。先輩は肉奉行で、恋人と焼肉を食べるときは焼くのも取るのも全部やりたいらしいんだけど、それは**一番美味しい状態で食べさせてあげたい**という気持ちがあるからみたいで。

ワッコ　カノジョからしたら至れり尽くせりで、よさそうですけどね。

森　田　でもある元カノは**「私は私のタイミングで食べたい」**と自分で肉を焼きはじめた。ただ、彼女の焼き方は、焼きすぎたり、タレと塩を間違えたりと、先輩からするとあまりに雑に見えたので、つい手を出したら「やめて」と言われた。それで先輩は反射的に「俺に指図すんな」と返したんだって。

清　田　えっ？　先輩のほうが指図してる側に見えるけど……。

森　田　ここからケンカに火がついてしまい、「私は自分がやめてほしいと思ったことを言っただけで、ダメ出しをしたわけでもないのに、なんでそうやって怒るの？」と彼女は

地下には「そもそも論」的な不満が溜まっている

言い、さらに畳み掛けるように「そもそも、いつもそういう上から目線なのがイヤだ」、**「だからあんたはダメなんだ」**と、先輩の人間性を激しく責めてきたらしい。それで最終的に、先輩は泣いてしまった。

ワッコ　えええ！　泣いたんですか⁉　**劇画タッチ**ですね。

清田　先輩としては、よりおいしく肉を食べてもらいたいって気持ちだったのに、突然「そもそもさ～」って人格否定までされたのが理不尽に感じたのかもしれない。でも、ケンカが激しくなるとこうやって**そもそも論に降りていく**ことが多いよね。地下には元から天然ガスのように不満が溜まっていて、何かのきっかけでそこに引火し、大規模な爆発が起きるという典型的なパターン……。

ケンカができないという悩み

ワッコ　今の話を聞いて少しうらやましいなと思ったことがあって。わたしは激しく罵るとか泣くとか、そういう劇画タッチの行動が全然できないんです。ちゃんとケンカを売ったり買ったりできる人っていいなぁ。
森　田　ワッコはこれまでの人生で、恋人とケンカしたことないって言ってたっけね。
ワッコ　もちろんムカついたことは数え切れないほどあるんですけど、激しく怒ったことはないですね。怒り方がわからないんですよ。
清　田　俺も怒れない派だから、めっちゃわかる。多分ワッコや俺の中にはケンカというコマンドがないんだよね。
ワッコ　そうなんです……。ただ、こんなわたしでも、昔**一度だけカレシにケンカを売ってみた**ことはあるんです。けどそのケンカは買ってもらえなかった。
森　田　どういう顛末だったの？
ワッコ　その元カレとは会社帰りによくゴハンを食べてたんです。問題だったのはカレシがやたらと自分の上司の女性とそのだんなさんを誘って4人で行きたがることでして。

清　田　気を遣いそうなシチュエーションだね。

ワッコ　わたし以外の3人は仕事で日頃からよく会っている関係だったんです。それで、「××さんが○○したけど、あれはないよね～」みたいな内輪の話でいつも盛り上がっていた。だけどわたしは固有名詞を共有してないから、完全に会話から置いてけぼりにされて。**4人でいるのにボッチ状態**。

森　田　それはつらいな。彼はフォローしてくれなかったの？

ワッコ　はい。最悪なことにノー・フォローだったんですよ。相手はカレシの上司だから、わたしも話に乗っかって気の利いたこと言わなきゃ……みたいに思ってたんですが、そもそも乗っかり方も、何を言ったら喜ばれるかもわからない。そのうち気を回すモチベすらなくなって、「すげーつまんねー、早く帰りたい」とログアウト状態になっていったんです。それが10回くらい続いた。

清　田　1回でもキツそうなのに……。

ワッコ　ずっと耐えてたんですけど、置いてけぼりが特にひどかった日があったんです。その帰り道に意を決して「**わたしはこの4人の飲み会がすごく苦痛です**」とカレシに伝えたんですよ。

盛り上がる内輪話と、置き去りにされるワッコ

森田　10回も我慢してきた果ての言葉だから、相当な重みがあるよね。

ワッコ　でもカレシは死ぬほどあっさり「あ、**そう。じゃあもう誘わないから大丈夫！**」って言ったんです。

清田　えええええ！

森田　それで終わり!?

ワッコ　はい。フィニッシュです。わたしは事前に、彼から「何が苦痛なの？」とか「そんなにイヤなら言えばよかったじゃん」とか言われるだろうと予想して、「こう来たらこう返そう」っていう想定問答まで考えてたんですよ。なのに、あっさり幕を引かれた。

森田　キツいなあ。っていうか、彼はまず苦痛を与えたことを謝るべきだよね。

ワッコ　ほんとですよ！　自分としては溜めに

溜めた末の、**マックスの自己開示だったのに、受け止めてもらえなかった。**無力感がハンパなかったですね。

清　田　感情のやり場がなさすぎる。

ワッコ　でも……わたしの伝え方もよくなかったかなとは思うんです。怒ってるわりには、へらへらし過ぎたかなって。あのとき劇画タッチで「ありえないんだけど！」みたいにカマせてたら、自分の気持ちに気づいてもらえたのかもしれない。

清　田　う〜ん、彼のリアクションからは真剣に受け止めようという気持ちが感じられないから、ワッコが伝え方を反省する必要はないと思うんだけどな……。ただ、俺もシリアスになるのが苦手だから、自分の怒りが相手に伝わらないことがよくある。つい和やかに場を収めようとしちゃって、後から悔しい気持ちになったり。

ワッコ　完全に同じです。負の感情を相手にうまくぶつけられないんですよね。あと、わたしはすぐ、**自分の内側だけでそもそも論に入っちゃう。**「わたしを10回もあんな現場に連れていくような人間に、そもそもこんなこと言っても伝わらないだろうな」って。で、最終的に「友達にグチろう」ってなる。

森　田　溜まったガスを友達に抜いてもらってるってことなのかな。

ワッコ　ですね。あり得ないことをされても、友達に話して盛り上がれたら、自分のそのときの悔しさとかムカつきが成仏するような感覚があるんです。結果、問題の根本にまったく向き合えてないってことなんですよね。

清田　劇画タッチで相手と向き合うのは難しいよね。

森田　ケンカするのが怖いっていう感覚もあるんじゃないの？

清田　あるある。確かに不満や疑問を伝えたい気持ちはあるんだけど、それ言ったら逆に「じゃあ別れよう」とレッドカードを出されるかもという怯えが常にある。

ワッコ　わかります。わたしもストレスをパンパンに溜めこんで、**容量限界になったら別れるってパターンの繰り返し**ですよ……。

いいケンカ、悪いケンカ

清田　森田はどう？　夫婦でケンカしたりするの？

森田　しますね。ただ、俺も元々はワッコや清田と同じで恋人とのケンカは避けて生きてきたんだよね。でも妻が問題やモヤモヤをそのままにしておくのが嫌いな人だから、俺もその影響を受けて気になることはちゃんと言うようになった。それで感情的に対立することまあるけど、基本的には「ふたりの問題」を解決するためにどうすればいいのかを話し合うようにしてるかな。だから激しいケンカにはあまりならない。

ワッコ　なるほど。問題を解決するために話し合えれば、「大体あんたはさ〜」みたいな**そもそも論的な対立にはなりようがない**ですよね。

清　田　そう考えると、**いいケンカと悪いケンカ**ってのがあるのかもしれない。問題を解決するために行われて、結果としてお互いの感覚の擦り合わせや距離が縮まるようなケンカもあれば、溜まった負の感情を燃料にして感情をぶつけ合うだけの、終わりに向かって暴走するケンカもある。

森　田　それって多分、**ケンカのはじめ方が重要**だと思うんだよ。『夫婦ゲンカで男はなぜ黙るのか』（タラ・パーカー＝ポープ／ＮＨＫ出版）という本には、いいケンカをするためには**「批判」ではなく「不満」からはじめるのがポイント**だって書いてあった。

清　田　不満スタートがいいんだ。

森　田　批判は相手を打ちのめすための言動だけど、不満はあくまで自分の感情を伝えるだけだから、それをどう解消しようかという方向に話が進んでいきやすいんだとか。

ワッコ　批判のケンカは劇画タッチのイメージがあって自分にはできる気がしないけど、不満はがんばれば伝えられる気がします。

森　田　さっきのエピソードで、ワッコは「飲み会が苦痛だ」という不満からはじめたわけだから、ケンカのはじめ方としてはすごく適切だったんじゃないかと思うんだけどね。ただ、相手にそれを受け止める力がなかった。

清　田　彼は良かれと思ってやっていたことに対して不満を述べられたから、ムッとしてあんなひどいことを言ったのかもね。いずれにせよ幼稚な態度だと思うわ……。

ワッコ　不満をちゃんと受け止めてくれるカレシと付き合いたいですよ。**そういう男性はどこにいるんですか？**

清　田　どこかにはいると思うけど……。

ワッコ　えーん（泣）。でもまあ、自分の悔しいエピソードを成仏させられた感覚があるので、よかったです。

森　田　南無阿弥陀仏ということで。

09

カレシの知らない私

「カレシの知らない私」とは、
女性たちが隠し持っている
カレシや夫に見せていない一面のこと。
女性たちが「こんなところ見せられない」と
思っている一方で、男性のなかには
「見たくない」という感情も
存在する気がします。
その最たるものが、
女性のオナニーや性欲の話でしょう。
多種多様な「カレシの知らない私」を
紹介していきます。

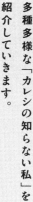

ワッコ　わたしの女友達は、**シャワーを浴びてるときに必ずおしっこをしちゃう**らしいんですよ。そのことは絶対カレシに話せないって言ってました。

森　田　それは確かに言いづらそう。シャワーのときのおしっこは、男女問わず結構たくさんの人がやってるんじゃないかなと思うけど。

清　田　シャワーを見ながらおしっこを我慢するのは不可能なのよ。俺は実験したことがあって、何回やっても我慢できなかった。

森　田　どういうこと⁉

清　田　メカニズムはわからないけど、尿意を抱えたままシャワーを見続けることはできないから、ぜひ試してほしいです。

ワッコ　探究心がすごい。その子はもはやパブロフの犬みたいに、シャワーの音を聞くだけで尿意を催すと言ってました。カレシがいるときは、一緒にお風呂に入ることがあるじゃないですか。カレの前でおしっこするわけにいかないから、彼女は**事前に3回くらいトイレへ行って入念に備えておく**みたいです。

森　田　人知れない苦労だね。「お風呂でおしっこする私」も「お風呂でおしっこしないように準備する私」も、カレシは知らないわけだ。

ワッコ　墓場まで持っていくと言ってました。

裸で洗濯物を取り込む私を、カレシは知らない

清田　俺の女友達は、**裸で洗濯物を取り込む私を、カレシは知らない**と話していた。

ワッコ　今のとこだけで、あるある！と言いたくなります。

清田　彼女は休みの日に家にいるときは、だいたい裸で過ごすんだって。で、夕方になって洗濯物を取り込むときには、**カーテンをくるっと巻きつけて、手だけベランダに出して取り込んでいるらしい**。こんな私をカレシは知らないだろうなあと言っていた。

ワッコ　わたしはカーテンすら巻かないこともあります。お風呂上がりに「やべえ、パンツがない！」ってなったときに、リンボーダンスみたいな無理な体勢になってベランダに干してある洗濯物を引っ張り取る。**いちおう身体は死角に入ってるつもり**ですけど、隣のマンションからは見えてるかもしれない。

清田　**「夏は下着姿で料理してます」**という女性もいた。ワッコ的にはこれはどう？

ワッコ　全然ありますね。

清田　下着姿って、ブラとパンツのみってこと？

ワッコ　家でブラはつけてないですね。

清田　そうか。俺はなんとなく、「ブラ＋パンツ」っていう姿を想像してた。

ワッコ　ブラは窮屈なんで、帰宅したら一刻も早く取りたいんですよ。だから夏は「Tシャツ＋パンツ」くらいのことが多いです。

森田　家での格好って人によって全然違うよね。実家が〝裸族系〟の人は、ひとり暮らしをしても裸族になることが多いんじゃないかな。

清田　確かに。ただ一方で、実家では絶対できなかったことを、ひとり暮らしでのびのびやってるって人もいるような気がする。

ワッコ　実家には父親とか兄弟とか、男性がいる場合も多いですからね。

清田　うちの実家は裸族ではなかったけど、俺は夏の風呂上がりとかについ裸でうろうろしちゃう。

森田　**「自分の家では裸族だけど、カレシの家では絶対に裸では歩かない」**と言ってる人もいたなぁ。

ワッコ　わたしもそれです。人それぞれだとは思いますが、わたしの場合、**裸をできるだけ見られたくない**というのがあるんですよね。とにかく自分の身体に自信がないから、セックス以外でできるだけ開示したくない。セックスしてるときと違って、日常生活では自分のアラを冷静に見られそうで怖いんです。カレシに**「乳首、茶色いなー」**とかしみじみ思われたらつらい……。

清田　確かに平常時に裸をまじまじ見られるのって怖いよね。もしかしたら、そのときに想定してる相手の視線には、自分の不安やコンプレックスが反映されているのかもしれない。

ワッコ　そうですね。コンプをカレシが肯定してくれるようになったらすごく安心するだろうなと思います。「茶色い乳首っていいね！」って言われたら、多分ホッとしますよ。そうなったら自分で乳首の茶色さをネタにできるところまでもっていけるかもしれない。

森田　ワッコはいきなりぶち込んでくるよね。**「この木のテーブルと同じくらいの色かな？」**とか。

清田　けど、不安を笑いにできる関係って気が楽だよね。俺も稼ぎが不安定なことは元カノの前では笑いにできなかったけど、妻とは「今回の原稿料、時給換算すると２００円でした」とかカジュアルに話せる感じがある。誰もがパートナーに対して見せる部分と見せない部分を取捨選択していて、**関係が深まっていくと見せない部分が小さくなっていく**のかもしれない。

ワッコ　これって、「恋愛と油断」の話にも通じるところがありますよね。

脈々と受け継がれる「すっぴんを夫に見せない妻」

清　田　見せない部分をコントロールしているという意味では、**カレシの前の私は〝編集された私〟**とも言えそうじゃない？

森　田　化粧なんかはまさにそれだよね。女友達に「**結婚して5年経つ今も、夫の前では絶対にすっぴんにはならない**」と言っている人がいて、驚いたことがあった。

ワッコ　毎日それで疲れちゃわないんですかね……。

森　田　その人の話を聞きながら、俺はAmazonプライムのドラマ『マーベラス・ミセス・メイゼル』を思い出してた。これは1950年代のニューヨークを舞台にしたドラマで、当時の夫婦の描写がすごいんだよ。たとえば夜寝るときには夫婦で一緒にベッドに入るんだけど、夫が寝入ったあとに、妻はむくっと起き上がって洗面所に行き、**化粧を落とし、コルセットを外して再びベッドに入る**。朝は夫が起きる前の明け方から化粧してコルセットつけてベッドに戻り、さも夫と同じように目を覚ましたふりをする。妻たちのその「見せないようにする」努力が涙ぐましくて。

ワッコ　すっぴんでコルセットなしの状態が「夫の知らない私」になってるんですね。ブラを一刻も早く取りたいわたしとしては、家でコルセットをつけたまま過ごすなんて、想像しただけで気が狂いそうになります。

清　田　ジェンダーの呪いが凄まじいな……。夫はその努力に気付きさえしないんだろうね。すっぴんを夫やカレシに見せられない女の人って今でも一定数いるのかな？

ワッコ　女性誌では**「カレシとの温泉旅行で風呂上がりにするメイク」**って特集がど定番で、結構な頻度で見る気がします。「すっぴん見えする！」とか「血色がよくて火照って見えるチーク♡」とか。「なんにもしていないように見えるけど実はすごく計算し尽くされている」メイクを提案してくるんです。とにかく、**ガチのすっぴんはダメ、ゼッタイ！**が大前提。

森　田　女性誌でそんな特集が組まれてるなんて全然知らなかった……。『マーベラス・ミセス・メイゼル』と同じ世界観だよね。

お風呂上がりにダッシュで眉毛を描くカレシ

ワッコ　あ。でも男性ですっぴんが見せられない人もいるらしいんです。会社の先輩の元カレで、**お風呂に入ったあとにいつもこっそり眉毛を描いてる男性**がいたんですよ。その話を聞いて、まわりではカレのことを〝**歌舞伎**〟**と呼んでいた**んですけど。

清　田　歌舞伎！

森　田　眉毛を描くって、完全にお化粧だよね。ジェネレーションギャップを感じてしまう……のはいいとして、そのカレはなんでそんなにすっぴんを見せたくないのかな？

ワッコ　薄いのを気にしてたんでしょうか……。カノジョの家に泊まるときも常に描いていたらしい。コンプレックスを隠したいって意味では、わたしの「茶色い乳首」の話と似てるのかも。だとすると歌舞伎くんも、「眉毛薄いところがいいね」って彼女に言われてたら化粧しなくなったのかなぁ。

清　田　それでコンプレックスが少しずつ氷解していく可能性はあるかも。

森　田　前に失恋ホストに来てくれた女性から、**帽子を決して脱ごうとしないカレシ**の話を聞いたんだけど、歌舞伎くんと通じるところがありそう。カレが帽子を脱ぐのは、セックスをするために部屋を真っ暗にしたときだけなんだって。セックスが終わって彼女が明かりをつけたら、既に帽子を被っているという徹底ぶりだったようで。

ワッコ　それはやっぱり、薄毛的なアレですか。

森田　激しめの円形脱毛みたいな感じだったみたい。

ワッコ　切ない話ですね。見せたくない気持ちはよくわかるし……。

「柿の種を常備している私」は、なぜカレに知られたくないのか？

森田　〝漁師の娘〟さんが、**柿の種を家に常備している私をカレシは知らない**と前に話してたんだよね。

清田　娘さんらしい、些細そうなエピソードだね。

森田　彼女は毎日一袋ずつ食べているくらい柿の種が大好物らしくて、家に常備してるんだって。でもそういう自分をカレシに隠していた。

清田　なんでだろう。柿の種ってちょっとおじさんっぽいイメージがあるからかな。

ワッコ　乾き物や塩辛みたいにおっさんみのあるものが好きな女子は多いですけどね。やっぱりマカロンとか食べてるほうが、イメージを壊さないんでしょうか……。

森　田　それであるとき、娘さんの家でカレシとお酒を飲んでいたら、「なんかおつまみある？」と聞かれたんだって。そこで娘さんは「**そういえば**、こないだ友達が買ってきてくれて余った柿の種があるよ」と言って一袋差し出した。

ワッコ　ほんとは常備してるのに、たまたまを装ったわけですね。

森　田　そうそう。しかもその一回だけじゃなくて、同じような流れになると、**いつも「たまたま」柿の種がある**。

清　田　カレの立場からしたら、そこに疑問は持たないだろうね。柿の種って小分けの袋がたくさん入ってるから、飲み会で余ったのが家に残ってるのも自然なことだと思うし。

森　田　だから、カレシから見たら止まってるように見えるんだけど、実はものすごく頻繁に柿の種は入れ替わっている。これを俺は**柿の種の動的平衡説**と呼びたい。

清　田　呼んでもいいけど……動的平衡って、たとえば人間の身体は見た目には同じように見えるけど、実は中身の細胞は一定期間ですべて入れ替わる、みたいなやつだよね。

ワッコ　森田さんは、たまにそういう理系ネタをぶち込んできますよね。

森　田　や、だからなんだって話なんだけど。

いつも同じ柿の種があるように見えて、実は絶えず入れ替わっている

清　田　娘さんのその恥ずかしさはわかる気がする。常備してるって状態が、自分の快楽を追求してるっぽくて恥ずかしかったんじゃないかな。〝風俗フード〟的な。

ワッコ　あと、家に柿の種とかつまみを常備してる女子って、一般的に**〝干物女〟みたいなレッテルを貼られることが多い**気がするんですよ。

清　田　「家で柿の種を食いながら酒飲んでる＝女を捨ててる」みたいなイメージで語られることも多いもんね。

ワッコ　はい。あと、個人的に憤りを感じていることとしては、「普通の人が柿の種を食ってると干物女のレッテルを貼られる一方で、かわいくて女子力高そうな子が食べてると逆に男ウケする」問題。男たちは「あんなにかわいいのに、親近感わく♡」とか言いがちなんです！

森田　あー、それはいかにも言いそう。

ワッコ　話題がズレましたが、何が言いたいかというと……柿の種が好きなことを表明するのは意外と勇気がいるんですよ！

清田　ある種の「自主規制」だよね。それで思い出したことがあって、元カノにタバコを吸う人がいたんだけど、**俺の前では絶対に吸わなかったのよ。**おそらく、こちらの態度にそういう空気が漂っていたからだと思う。

森田　でも、ハッキリと「吸わないで」と言ってたわけじゃないんでしょ？

清田　そうそう。そんな権利はないよなと考えつつ、でもやっぱタバコを吸う彼女を見たくないという気持ちもあって……それが態度から伝わり、無言の圧力になっていたんだと思う。彼女だって察するよね。忖度や自主規制を強いるやり方は、いま思うと非常に嫌な感じだったなと……。

オナニーをしている私を、カレシは知らない

清　田　自主規制系の話でいうと、これは結構あるあるではないかと思うんだけど、「**オナニーをしている私を、カレシは知らない**」と話してくれた女性が何人かいた。実際のところ男性には、自分のカノジョはオナニーなんてしてないと思ってる人も多いと思う。なかには女性の性欲を認めたがらない人すらいるわけで。

ワッコ　わたしの学生時代のルームメイト〝アバちゃん〟は性に奔放な人だったから、**部屋によくバイブやローターが落ちてた**んですよ。

森　田　カオスな家だね。

ワッコ　そういう話を男友達にすると、「**え？　女子ってオナニーするの？**」って驚かれました。どうも彼らは、女がオナニーするのはＡＶの中だけのことだと思ってる節があって。少し理解のある人でも、そういう道具はカノジョやセフレに対して男が使うものという発想しかなさそうだったし。

森　田　女性が自分で使うという意識がないのか。

ワッコ　女が日常的にオナニーするとは思ってないんじゃないですかね。あと、わたしみたいに**下世話な話をする人たちだけがオナニーすると思ってそう**なところもある。ワッコ調べですが、合コンで下ネタ方向の話になったときに、男性たちって女性陣がオナニーするかどうかを絶対聞きたがるんです。あの確認、何なんですかね⁉　女性はそんなこと男性に聞かないのに！

清田　そのシーン、既視感あるわ〜。でもそういう男って、そこで「毎日オナニーしますけど何か？」って言われたら絶対ひるむでしょ。

森田　ひるむだろうねえ。男がそういう質問をするのは、際どい話をして恥ずかしがらせたいというセクハラ的発想もありそう。

清田　「オナニーしない」と言ってる女子から強引にオナニーの話を聞き出そうとする男は一定数いる。

ワッコ　ほんとそれですよ。飲み会でかわいい子のオナニー話を引き出すために、いったんゲスそうなわたしにオナニーエピソードを話させようとしてくる男が多くてむかつくんです！　その後、「**ワッコはするって言ってるけど、君はどう？**」みたいに話を振るという。こういう言動を、女友達の中では〝**まんこ介し**〟と呼んでるんですけど。

清田　すごいの介してくるな……。でも、かませ犬というか、中継地点として利用されるってのは確かに腹立つね。そういう男たちが「俺の彼女はオナニーしない。こういう子たちはオナニーする。こういう子はオナニーしないと思うけどしててほしくもある」みたいに女性を種類分けして考えてるんだとしたら、全方位的に失礼だよな。

ワッコ　死んでほしいですね。

人生2度目の夢精エピソード

清田　オナニーといえば、俺、結婚してから回数が激減したんですよ。とはいえセックスフルとかそういうのでは全然ないし、加齢の影響もあるんだと思うんだけど……とにかく数が減った。するときも、妻に悟られたくないという気持ちが不思議と強い。

ワッコ　夫婦に限らず、同居人がいるとオナニーどうするんだ問題が発生しますよね。

清田　そのあたり、森田はどうしてんの？

森田　俺、そもそもオナニーしないからわかんないな。

ワッコ　え？

清田　あっ、そうだった……。

ワッコ　森田さんは**非オナ勢**《ぜい》なんですか？

森　田　ぜい？

ワッコ　オナニーしない人たちのことをこう呼んでるんです。今まで女性に対してしか使ったことないんですけど……まさか男性に適用されるときが来るとは。っていうか、森田さんはなんでオナニーしないんですか？

森　田　俺は少し前までトライアスロンやトレイルランニングを割と本格的にやっていて、日常的にガツガツトレーニングしてたんだよね。多分そのせいで、いつの頃からかオナニーをしなくなった。**エネルギーがそっちまでまわらないんだよ。**

清　田　ちょっと尋常じゃないよね。マトモそうに見えるけど、俺たち３人の中で一番狂ってるのは森田だということが読者のみなさんに伝わってほしい。

森　田　でもここのところ、本業の仕事が猛烈に忙しいからトレーニングできてなくて、体力を持て余し気味で……。それでつい先日、**人生で2度目の夢精をした。**

ワッコ　え？　夢精ってアラフォーになってもするんですか？

清　田　**それはするでしょ。**

ワッコ　強い断言!!

森　田　や、自分でもびっくりしたんだけどね。妻と定期的にセックスしてるから、いわゆる〝溜まってる〟という状態ではなかったと思うんだけど、なんというか、**エネルギーが溢れた**って感じがして。

清　田　ね、この人ヤバいでしょ？　それにしても、夢精エピソードは「自分史上最高のエロ」の回でも紹介してたよね。

森　田　あれは人生初の夢精で、今のが2度目のです。人生で2回しかしたことないのに両方ともエピソードとして紹介できてるんだから、**俺の夢精は獲れ高がいいんだよ。**

ワッコ　謎の自慢……ちなみに夢精した森田さんをおくさんは知ってるんですか？

森　田　そのとき妻は隣で寝てたんだけど、恥ずかしかったのでコソコソとパンツを洗いに行った。でも朝になったら自分でもじわじわと笑えてきて、結局打ち明けました。

清　田　じゃあ、「アラフォーで夢精をした私を、妻は知っている」なんだね。

森　田　うん。妻にはどんな淫夢だったか聞かれたけど、残念ながら覚えてなかった。

ワッコ　まあ、**妻としてはそこが気になる**でしょうね。

森　田　彼女は、俺が過去にどういう動画でオナニーしていたのかもすごく知りたがるんだよ。10年以上前に使っていたパソコンにはそういう動画が入っているから、それを見せろと言われるんだけど、断ってる。

清　田　そこは「妻の知らない私」なんだ。

森　田　うん。それはやっぱり恥ずかしい。別に特殊なフェチズムとかもないんだけど。俺は妻に大体のことは話すけど、オナニーの嗜好だけは知られたくないかなぁ。

恋人の性的嗜好が自分に当てはまるかどうか問題

ワッコ　おくさんとしては、森田さんのオナニーの嗜好が自分に当てはまってるかどうかが気になるんじゃないですかね。

森　田　そういうものなの？

ワッコ　わたしは元カレのスマホに残ってたエロ動画の閲覧履歴をたまたま見たことがあるんですけど、それが**全部爆乳系の動画だったんです**。そのカレシにはずっと自分が貧乳だという悩みを話していて、そのたびに彼は「いや、俺は乳はどうでもいいから」と言ってくれてたんですよ。でも爆乳動画を見てたのを知って「**やっぱり巨乳が好きなんじゃん！**」とかなりへコみましたね。

森　田　なるほど……。

ワッコ　その動画が、爆乳の女性と普通にセックスするだけの動画だったから、余計リアルに感じてキツかったんですよね。スカトロ動画とか特殊そうな作品のほうがまだよかったですよ!!　それ以来、彼とセックスしてるときに「**ほんとは巨乳がいいんだろ～～?**」とか思うようになってしまいました。

森　田　もし動画の傾向が自分に当てはまってたら、ヘコまなかったのかな?

ワッコ　たとえば巨女モノってことですか?　……う～ん、それはそれで少し気持ち悪い気もしますね。もしかしたら「性癖だけで自分と付き合ってるのか……?」って嫌悪感を抱いてしまうかも。

森　田　じゃあさ、「こういう動画なら安心するかも」というのはある?

ワッコ　教師とかナースとかの役柄ものだったら、シチュエーションに憧れてるのかなとか思って安心できそう。爆乳みたいな身体の特性に関するものだと、どうしても自分と比較して「当てはまってない……」と落ち込んでしまう。

清　田　**自分とのセックスで満足してない部分をAVで補ってる**感じがするのかな。

ワッコ　そうかも。わたしへの不満をAV女優さんに投影しているような。それは多分、わたしに貧乳コンプレックスがあるからでしょうね。

森　田　まあ、普通は恋人が何を見てオナニーしてるかなんて知らないことのほうが多いと思うけど。

清田　わたくしの場合、実はすでにバレてしまっておりまして……。
森田　……すごい状況だな。それってどんな動画なの？
清田　そういう展開になりますよね……。俺の性的嗜好なんて別に誰も知りたくはないと思うんだけど、端的に言いますと、**bodyがfatで、かつ、elderなwomanを好む傾向にある**というか。
ワッコ　ルー大柴さんなの⁉
森田　確かオードリーの春日さんが、同じような趣味だった気がする。ちなみにelderっていうのは何歳くらいがいいの？
清田　AVの中の設定なので実際の年齢はわからないけど……自分より10歳くらい年上に見える女性が好みでして、今だと40代前半でも若く感じてしまいます。
森田　絶対的な年齢ではなく、あくまで自分との「差」が重要なんだね……。味わい深い話だとは思うんだけど、清田の妻はなぜその嗜好を知ってるの？
清田　以前、ウェブメディアでその話をコラムに書きまして……それ以来、街でそういうタイプの女性を見かけると、**「あの人はどうなの？」と聞かれるようになった。**
森田　特徴がハッキリしてるからわかりやすいんだろうね。彼女自身は「年下のスリムな女性」だけど、ワッコみたいに、自分に当てはまってないことは気にならないのかな？

清　田　そういう感じは全然しなくて、むしろおもしろがってる感じがする。

ワッコ　自分のコンプレックスを刺激しなければ気にならないんですかね。あと、清田さんの話は、教師やナースみたいな役柄に対する憧れに似た印象もあります。

清　田　高校生の頃から、**カラダの大きな年上女性に抱かれたい**という気持ちがあって、それがずっと継続されてるって感覚があるんだよね。あと、これは友達から聞いた話なんだけど、自分の男性性に嫌悪感を持っている男にありがちなパターンでもあるらしい。これを自分なりに分析したところ、桃山商事の活動を通じてひどい男の話ばかり聞いてきた結果、自分を含む男性の性欲に加害意識を抱いてしまっている。そして、「太った年上女性なら自分を優しく受け止めてくれるだろう」という幻想があって、性的欲求を向けることとの加害意識や罪悪感が免責されるような気になれるんじゃないかと自分では考えています。これについては引き続き研究を深めていきたいわけだけど……あれ、そもそもなんでこんな話になったんだっけ？

エロ動画を見ている私を、カレシは知らない

ワッコ　元々は「オナニーをしている私を、カレシは知らない」って話でしたね。だいぶ遠くに来ましたけど。

清田　ああ、そうだそうだ。それで言うと、**「エロ動画の冒頭部分を飛ばしている私を、カレシは知らない」**と話してくれた女性もいた。そもそもエロ動画を観ていること自体カレには言ってないらしいから、手っ取り早くイクために冒頭を早送りして絡みのとこだけ観てるだなんて想像すらしないだろうと言ってた。

森田　カレシが女性の性欲を認めないようなタイプだったらショック死しそうだね……。ワッコはエロ動画を観ることってある？

ワッコ　ほとんど観ないですね。女友達によく観ると言ってる人はいますけど。

清田　昔、女性向けAVに関する記事を書いたことがあって、そのときいろんな女性にAVを観る目的について聞いたのよ。そのとき多かった回答は「セックスの勉強のため」、「女優さんの綺麗なカラダを眺めるため」、「興奮するため」というもので、その他、「眠気

覚ましのため」と答えた人もいれば、逆に「ぐっすり眠るため」と言ってた人もいて、人それぞれでおもしろかった。

森　田　そういう多様性って、男性にはほとんどないよね。基本的には「射精のため」だけだと思うので。

清　田　そもそも男にとっての「ズリネタ」みたいな概念自体が、女子にはあるのかな？

ワッコ　わたしはAVでオナニーしたことないからあんまりわからないですね。男性にとってのズリネタがどういう位置付けなのかすらピンと来てないし……。実際のセックスの好みと関係あるんですか？

清　田　どうなんだろう？　自分の感覚的には、パートナーとのセックスライフとはあまり関係しない気がする。検索していてたまたまヒットした動画でするってパターンが多数派なんじゃないかな。

森　田　清田がさっき「幻想」という言葉を出してたけど、俺も**オナニーはファンタジー**だなという気がする。

ワッコ　なるほど……。だとしたら、元カレが巨乳モノばかり観てたのも、一種のファンタジーだったかもしれないってことですかね。

森　田　その可能性はあるよね。

バックが好きなわたしをカレシは知らない

清　田　セックス自体にも「カレシの知らない私」ってたくさんありそうだよね。たとえば「**セックスで上に乗る私を、カレシは知らない**」と言ってる女性もいた。本音を言えば騎乗位でガンガン腰を動かしたいんだけど、カレシが正常位しかしない人で、そういう自分をなかなか見せられないみたい。

ワッコ　確かに、**騎乗位はリクエスト制**ですよね。

森　田　どういうこと？

ワッコ　自分から進んでやるのはためらわれるから、相手から「上に乗って」と言われてはじめてまたがるみたいなところがある気がします。あくまでも追加オプション。

清　田　なるほど。自分の快感のためというより、頼まれたからやってみますよという感じなのかな。

ワッコ　人によるとは思いますけどね。ちなみに**わたしは騎乗位よりバックのほうが好き**です。

森　田　えっ？

ワッコ　急にすみません……。バックは面と向かって顔とか胸とかを見られないから心理的な負担が少ないし、快感もいちばん強い気がするんですよ。でも、バックもリクエストしないとなかなかはじまらなかったりもして。男性によっては侮辱的じゃないかと気にする人もいるし。だからこっちから誘導しなきゃいけないんですけど、その持っていき方は結構気にしますね。

清　田　どういうタイミングでリクエストするの？

ワッコ　わたしは流れの中で、**「今、思いついたんだけど！」**みたいな感じで伝えます。「やってみようよ！」みたいな。自分では、ほんとはそれがいちばん気持ちいいからそれ以外はいらねぇよ！って思ってるんですけど……。

森　田　かなり気を使うんだね。

ワッコ　こちらが気持ちいいとわかってることを相手にやらせるのは気が引けるんです。ふたりで育んだよね、みたいなスタンスでいたいというか。

清　田　めっちゃわかる。自分は**背中をさわさわと触られるのが好き**なんですが……昔はそれを恋人にリクエストすることができなかった。

ワッコ　背中さわさわ⁉

清田　小学生のとき、背中に書いた文字を当てるゲームが流行ったんだけど、ゾワってするのが気持ちよくて、「わからないからもう一回！」とか言って何度もおかわりしてたのよ。それを恋人にねだりたい気持ちがめっちゃあったんだけど、なかなか言い出せなくて。

森田　ためらわれるのはワッコと同じ理由で？

清田　そうそう。**相手に性的サービスを要求するような罪悪感があったし**、キモがられたらどうしようって思いもあった。

森田　でも、「こうされると気持ちいい」って教えてもらえたほうが、相手としては嬉しいということもあるんじゃないかな。

清田　本当はそうかもしれないよね。俺の場合は自意識過剰というか、単に自分を解放できてないだけのような気もするけど、とにかくワッコと同じように「ふたりで発見した」という体裁にしてきた。

ワッコ　完全に共感。

清田　ふと背中を触られたときに、「なにそれ？　気持ちいい！」とか言って誘導したりしてね。でも心の中では**「そこで爪を立ててくれたらなおよしなんだけど……」**とか思っているという。

森田　そんなことを考えてる清田を、歴代のカノジョたちは最後まで知ることはなかったわけだね。そういう風にストレートに要求できないのは日本人的なのかなあ。

清田　そうかもね。たとえば欧米の映画やＮｅｔｆｌｉｘのドラマなんかだと、互いに「こうして欲しい」とバンバン要求し合ってるイメージがある。本当は言い合えたほうがいいんだろうね。

森田　俺は妻に「どうしたら気持ちいいか言って欲しい」とよく言われるし、彼女も自分の要求をハッキリ言ってくる。最初は慣れなかったけど、今はそうしたほうが楽しくセックスできるなと思うようになった。

誰の中にも多種多様な「私」がいる

清田　こうしていろんなエピソードを眺めてみると、**パートナーであっても互いが知らない部分ってたくさんある**んだなってことを改めて痛感する。

森田　ほんと、夫婦だからって互いの「私」をすべて知ってるかっていうと、そんなこと全然ないよね。たとえば仕事をしてるときの妻の「私」は知らないし……。今回の話って、小説家の平野啓一郎さんが言うところの「分人（※）」にも通じるところがある。（※人間にはいくつかの顔があり、相手によってそれを使い分ける。その複数の顔は、表面的なキャラや仮面ではなく、すべて「本当の自分」でもあるという考え方）

清田　そう考えていくと、このテーマは恋愛以外のことにも当てはまるかもしれないね。友達、会社の同僚、家族など、それぞれに対して知られていない「私」がめちゃくちゃいるっていう。

森田　俺の場合は「**桃山商事の森田専務としての私を、会社の上司は知らない**」だな。

ワッコ　わたしも同じです。**会社の人にこの本を読まれたら死にたい**。

森田　でも、いろんな「私」があるのって、精神衛生上いいことのほうが多いと思うんだよね。俺はどっちのときもむっちゃ「私」だし。

ワッコ　わたしはどうだろうなあ。仕事してるときはゲスな話をなるべくしないようにしてます。……って、当たり前か。

清田　俺と森田なんて知り合って20年になるけど、まだまだお互い知らない「私」があるわけだよね。

森田　清田に「太った熟女に抱かれたい」という願望があったとは、思いもよらなかった。

ワッコ　森田さんのオナニーしない話も衝撃でしたよ！　わたしも「バックが好き」とか言っちゃいましたけど。

清田　性はマジ奥深い、ということで……。

10

恋愛と親子関係

恋愛を音楽に
たとえるならば、
親子関係は背後で
鳴り続けるベース音のような
ものではないでしょうか。
親からの影響は、自分にとっては
「当たり前」なのでなかなか自覚できないもので
すが、パートナーは思っているよりも
ずっと強く意識している気がします。
cakes連載時に最大のバズりをかました、
ワッコの独特すぎる実家の話も登場します。

ワッコ　女友達と飲んでると、定期的に「カレシのマザコン問題」が話題になるんですよ。**恋愛と親子関係**っていうと、まずはそれが定番として思い浮かびます。

清　田　桃山商事が以前「日経ウーマンオンライン」でやっていた恋愛相談連載にも、アラサーの女性から、「**結婚したいと思っているカレシがマザコンなのではないかと不安**」という悩みが寄せられたことがあったよね。

森　田　カレは実家暮らしなんだけど、母親が買ってきた下着や服を着ていて、彼女と一緒にいるときも母親と頻繁にメールをやりとりしている。相談者さんとしては、カレが客観的に見てマザコンなのか、それとも母に優しい息子なだけなのかが気になっていた。

清　田　ポイントはやっぱり**母親が買ってきた下着や服を着てる**ってとこだよね。

ワッコ　そういう男性って噂には聞いたことありますが、本当にいるんですね……。

清　田　服に関しては母親に預けちゃってるんだろうね。俺のマターじゃない、みたいな。

ワッコ　**担当：母**。

森　田　結婚したらどうなるんだろう。担当：妻になるのかなあ。

清　田　彼女が気になっていたのは、それがマザコンなのかどうかってところで。

森　田　マザコンって言葉は、使う人によって意味やニュアンスが異なるから、ちょっと注意が必要かなと思う。単に母親と仲良しなだけでマザコンだと言う人もいるし、母親への依存状態を指す場合もある。

ワッコ　友達から、「一緒に旅行に行ってるとき、**つどつど母親に写真を送ってるカレシ**」の話を聞いたことがありまして。たとえば海を見たら、写真を撮ってすぐ母親にＬＩＮＥするみたいな。わたしたちの中ではその彼はマザコンと判定されたのですが、これはきっと仲良しがすぎる系のやつですよね。

森　田　きれいな景色を見たときにいちいち母親のことを想起してるわけで、愛が深いよね。悪いことではないと思うけど、横にいる彼女としてはモヤモヤしそう。

ワッコ　カレシの母親がなんとなく苦手な感じの人だった場合は、親孝行的な仲の良さすらもイヤに感じて、その気持ちをマザコンと言いたくなっちゃうことはあるかもしれない。

母親に忖度しすぎるカレシ、子離れできない母親

清　田　別のエピソードで言うと、知人女性の夫は**何かと母親の意向を伺う人**らしい。その夫はふたりでウエディングドレスをお店で選んでいるときに、候補になったドレスの写

真をいちいち母親に送ってたんだって。でも母親のお気に召さなかったようで、夫は「**別のドレスにしない？**」と言ってきた。

ワッコ　げげ、それはマザコンみがすごい……。自分でなんにも決められないのかな。

森田　おそらく、いちいち口を挟んでくる母親なんだろうね。もし許可を取らずに進めちゃったら、あとあと面倒なことになる予感がしてたのかもしれない。

ワッコ　なるほど。できるサラリーマンスタイルなんですかね。「**部長にはハナシ通してあるんで**」みたいな。

清田　何も仕事をしない仲介業者みたいな振る舞いでもあるよね。「クライアントがNGなんで変更してください」って、ただ右から左に指示を流してるだけの。

森田　まあ、何にせよ母親に忖度《そんたく》しすぎだね。

ワッコ　母親もかなりやべー感じありますよ。息子の妻が着るドレスに文句言うなんて。

清田　母親と息子の関係って外から見えづらいし、男が自分で語ることもほぼないから、女性からしたら謎だらけのものだと思う。だから、何かの拍子に関係性が見えちゃったときに「マザコン、キモッ！」とアレルギー反応を起こしてしまうのも無理はないかもしれないね。

森田　今の話は、子離れできていない母親の問題でもある気がする。

ワッコ　子離れ問題ありますよね。これは友達の従姉妹の話なんですが、彼女が結婚した男性の母親が、ことあるごとに「**うちの息子は日能研の点数がすごくて……**」という話をしてきたらしいんです。つまり、だんなさんが小学生の時に通ってた塾の話を持ち出してくるわけですよ！　しかも結婚式のときには、日能研時代に息子より模試の点数が高かった友達には「さん付け」で、低かった友達は「呼び捨て」にするという序列をつけてたらしい。

清田　お母さんにとってはよほど輝かしい歴史だったのかね……。自分の実績みたいに感じてる部分もあるのかもしれない。

森田　中学受験は親も本当に大変みたいだからねぇ。

ワッコ　結局その彼女は、相手の家族と合わなくて離婚してしまったそうです……。あと、最近わたしは**母親が息子好きすぎな件**が気になっていて。知人女性のインスタグラムを見てたら、1歳ぐらいの息子の写真が毎日毎日アップされていて。ほんと母親って息子が好きだなぁと。そういうのって父親はあんまりしないですよね。

森田　確かにあまり見ないかも。

ワッコ　その女性は、息子に「自分の好きな自分の要素」が流れ込んでるのをアピっててくる感じなんですよ。

森　田　ここが私に似てるとか、こういう感性が私譲りとか、そういうこと？

ワッコ　そうなんです。「**息子の鼻歌がフィッシュマンズだった！**」とか書いてて、ハッシュタグも「**#鼻歌がフィッシュマンズ**」ですから。

森　田　いつも聴かせてたら、そりゃあ歌うだろうねえ。息子への愛というよりも、強烈な自己愛を感じる。息子の結婚式で「1歳の頃の鼻歌がフィッシュマンズだった」と話してる姿が見える……。だいぶ気が早いけど、その息子のパートナーは苦労するかもね。

ワッコ　ほんそれですよ。実際、カレシの母親が息子を溺愛しすぎて厄介っていう話もよく耳にしますからね。これは仲良しの女友達から聞いたんですけど、その子は長いこと同棲してるカレシがいて、よくカレの家族の食事会に参加するらしいんです。そうすると、泥酔したカレの母親が「**あなたはウチの息子にちゃんとご飯つくってあげてるの⁉**」と絡んでくるらしいんです。

清　田　愛情マウンティング……。それはしんどいな。

ワッコ　しかしここでおもしろいのが、カレのお姉さんが母親に「はあ⁉　なんで女が飯つくんなきゃいけないの？」と横からブチ切れてくれるらしいんです。

清　田　それはアツい！　お姉さんも、もしかしたら母親からそういう嫌な目線を受けていて、その反発があるのかもしれないね。

ワッコ　ちなみにその一連の議論の間、**カレシは実家モードでボーっとしてるらしいで**す。

森田　**スリープモード**になってるわけか……。

清田　嫁姑問題とかでも、板挟みになると黙ったり逃げたりする男性のエピソードってめちゃくちゃ聞く。そこはしっかり間に入ってくれよ……って話だよね。

母親から息子への強すぎる影響力問題

清田　「**カレシのご飯を食べる順番に母親からの影響を感じた**」という女性がいて、これも恋愛と親子関係を考える上で興味深いエピソードだった。

森田　食事って無意識に実家の影響を受けてる部分だよね。

清田　そのカレシは最初におかずをすべて食べて、ご飯は最後という順番だった。彼女の家で食事をするときもそのスタイルで、そこにずっと疑問を感じていたらしい。しかも、おかずが少ないと「**他にもなんかないの？**」とか言ってくるみたいで。

ワッコ　なんかイラッとしますね。

清田　それであるとき、カレの実家にお呼ばれしたら、食卓にはおかずがズラッと並んでいて、ご飯が最後に出てきたんだって。どうやら母親がお酒を飲む人で、昔からそういうスタイルだったみたい。

森田　完全に飲み屋仕様だね。

清田　そうそう、その家では「ご飯＝シメ」なんだよ。それで、「これが由来だったか」と彼女は合点がいった。

ワッコ　ようやく謎が解けたわけですね。でも、**実家と同じ仕様を恋人にも求めてるって**、ちょっとやばくないですか？

清田　このカレシのように、母親と同じ役割を恋人や妻に求める男性ってめちゃめちゃ多いと感じていて、個人的にはこれこそがマザコンなんじゃないかと思ってる。

ワッコ　うう〜。**イヤすぎてゲロはきそうです。**

清田　これ、男側はナチュラルにやっちゃってる場合が多いと思うので、相当意識的にならないと自覚することすら難しいと思う。

ワッコ　それにしても、母親の影響力って大きいですよね。

森田　多くの家庭で育児にコミットしてるのは圧倒的に母親だから、そのぶん大きくなるんだと思う。

ワッコ　おふたりは母親からの影響を感じることって何かありますか？

森　田　俺は基本的な思考のパターンや考え方に、母親の影響を強く受けてるんだよね。なんでも突き詰めて考えないと気が済まないところとか、他人からすると気にならないようなポイントにこだわったりするところとか……母と話していると「**あ〜俺こういうところあるな**」っていつも思う。政治的立場がリベラルなのも母の影響が大きい。一方で、恋愛観や家族観だけは保守的なところが自分とは違うなと感じていて。母の根っこには「家事は女性がするものだ」という感覚がおそらくあって、そこは時代だなと思うんだけど。

ワッコ　その部分は影響受けなかったんですか？

森　田　いや、正直結婚してすぐの頃は、自分の中にそういう感覚が残ってたんだよ。まったくの無自覚だったんだけど。妻と家事のことでケンカになったときに、「あれ？　俺は自分が家事をやることに対してどこか納得できてないのでは⁉」と気づいた瞬間があった。**自分ではフラットな男女感覚を持ってるつもりだった**から、その気づきはかなりショックだったよ……。

「母の過干渉」を無視できた理由は商店街にあり？

ワッコ　清田さんは母親からの影響って感じますか？

清田　う〜ん、どうなんだろう。個人的には、母親の期待や願望から逃げ続けてきたという感覚があるのね。だから、価値観などはむしろ正反対という気がしている。姿形はそっくりだとよく言われるんだけど……。

ワッコ　清田さんにそっくりなお母さん、なんとなくイメージできますね。

清田　うちのお母さんは、どうやら俺を「いいとこのお坊ちゃま」みたいに育てようとしていたのよ。たとえば小さい頃は**俺にラルフローレンの洋服ばかり着せよう**としていたし、お坊ちゃま学校みたいなところに憧れがあって、実際に中学受験で俺を立教（落ちました……）に入れたがっていた。その一方で、俺が主体的に興味を持って選び取ってきた対象——たとえば子どもの頃からやってるサッカーとか、今やってる文章を書く仕事といったことに関して、うちのお母さんはほとんど興味がない。

森田　清田は前に雑誌『ＡＥＲＡ』の「現代の肖像」に取り上げてもらったけど

母親に「いいとこのお坊ちゃま」に育てられそうになる清田

（2018年11月26日号）、その記事に出ていたお母さんのコメントが象徴的だったよね。お母さんが近所で清田の同級生に会ったときに、「たっくん（清田）、今何やってるの？」と聞かれても、**何やってるかよくわからないから返答に困る**と語ってた。

ワッコ　あれ最高でしたね。笑いました。

清田　興味のなさがすごいでしょ。おそらくうちのお母さんには、自己実現欲求を子育てに託していたところがあったと思う。しかも俺が小学生のときは時代がバブルだったから、子どもをどこの私立に入れるかみたいな親同士のマウンティング競争も激しかったようで、それに勝ちたい気持ちもあったんだと思う。それでかなり**過干渉なところがあった**けど、俺はそういうものからことごとく逃げてきたという感覚があり……ちょっと罪悪感もある。

ワッコ　子どもの頃からそんなだったのに、モロに影響を受けなかったのがすごいですね。

清田　振り返るに、そこは商店街育ちっていうところが大きいと思っていて。というのも、実家は下町の商店街にある電器屋で、身近に親以外の大人がたくさんいたのね。その人たちからよく「**お前んちの母ちゃん大変だな**」って言われてて。

森田　かなり珍しい環境だよね。清田が母親のことを語るときって妙に突き放した言い方をするなと以前から思ってたんだけど、そういう背景があったのか。

清田　自分では特に意識はしてなかったけど、多分そうだと思う。よく覚えているのは、小学生のとき、母親から「勉強しろ！」とかうるさく言われるのがイヤで隣の薬局に逃げ込んだら、おばちゃんが笑いながら「まあ、あんたのお母さんはお姫様だからねぇ」って言ったのよ。もちろん近所中みんな仲良しだったんだけど、どうもまわりからは、うちの母親はわがままなキャラに見られていたみたいで。今思うと、そういう〝外から目線〟を獲得できたから母親の過干渉を適度に受け流すことができたんだと思う。

ワッコ　確かに、母親との関係をそこまで客観視してる男の人、はじめて見た気がします。

清田　ただ、まったく影響を受けていないかと言うとそうではなくて、せっかちで我慢が苦手という性格はそっくりだし、あれだけ過干渉を嫌がっていたくせに、身近な人に無意識で同じことをやってしまった経験が何度かあって、自分自身ゾッとしたこともある。

過干渉は遺伝する⁉

ワッコ　過干渉になるって、具体的にどんな感じなんですか？

清田　たとえば昔付き合っていた恋人には、過干渉な姉と叔母がいたのよ。お姉さんはいい人だったけど束縛がすごくて、夜10時を過ぎると必ず彼女に「今どこ？」、「早く帰ってきなさい」と電話をかけてくる。外泊のときも姉の許可が必要で、お伺いを立てても「ダメ、帰ってきなさい」となることも……。彼女はいつもお姉さんの顔色をうかがってるようなところがあった。叔母さんは叔母さんで、特に結婚をめぐる話し合いのときにめちゃめちゃ干渉してきて、なぜかうちの実家の土地とかを勝手に調べ上げ、「**あの家はあなたが相続するの？**」、「両親の介護は妹さんに任せられるの？」とか俺に根ほり葉ほり聞いてきたこともあって。

森　田　ヤバすぎる……。その人、自分が何を言ってるのかわかってんのかな……。

清　田　とにかく俺は、彼女にとってそのふたりは悪影響でしかないという認識を持ってたのよ。「ずっと苦しめられている！」みたいな。だからそこからの脱出を盛んに勧めていた。

ワッコ　ナイト感がありますね。

清　田　彼女は実家に住んでたから、「ひとり暮らししたほうが絶対いいよ！」と、**頼まれてもないのに物件を調べた**こともあった。彼女は高校時代からの古い知り合いでもあったから、「赤ちゃんの頃から育ててきたのはそっちかもしれないけど、俺は思春期から今までいろいろ悩んできた彼女を知ってる！」みたいな姿勢で、姉や叔母に戦いを挑んじゃった感があった。

森　田　なるほど。それはそれで過干渉になってるということか。

清　田　そうなのよ。当時の俺は、彼女から別れを切り出されたときも「叔母や姉に洗脳されてるだけだ！」と解釈して、真正面から受け止められなかった。叔母さんやお姉さんを悪者に仕立てることで、「別れは彼女の意志じゃない（**＝だからまた復縁できる**）」というストーリーにすがりたかったんだと思う。だから会って話せればヨリを戻せるという思いをしばらく捨てられなかった。今考えても、つくづく謎の過干渉バトルを繰り広げていたなって……。

森　田　清田は身近な相手になると自他の区別が曖昧になって、自分の期待を一方的に押し付けがちなところが確かにあるよね。初期メンバーの佐藤広報にもそういうプレッシャーをかけていた。

清　田　佐藤広報に対してがもっとも顕著だったよね。中学生のときから一緒で、彼の父親から「息子を頼む」と言われたこともあった。それもあって俺には「**こいつの人生に一番コミットしてるのは自分だ**」という謎の自負があって。

ワッコ　元カノに対する態度と、ほぼ同じ発想ですね……。

清　田　そういう、恋人や近しい友人に対する俺の**ノー・ボーダーの干渉**は、母親が俺にやってきたことと関係あるのかも——って、そう考えるようになったのはずいぶん最近のことなんだけど、結構「うわっ」となった。自分は母親のことを客観的に見てる気でいたけど、実際には母親と同じことを無意識でやってしまっていた。頭ではわかってるはずなのに……。

ワッコ　これはもう、忘れないように**タトゥー入れるしかない**んじゃないですか。

清　田　腕に**リメンバー・ケイコ（実名）**って彫るか。

森　田　良かれ悪しかれ、無意識のうちに親からインストールされてる価値観って絶対あるよね。付き合いが長くなっていくと、ネイティブなその価値観を知らないうちに再生してしまうことも多いのかもしれない。

「ふつうの女性」をディスりまくる母親

清　田　ワッコは母親とどんな関係だったの？　かなり強烈なお母さんだという話は時折出ていたけど……。

ワッコ　良好だったことは一度もないですね……。わたしが知っている母はこれまでに何段階か形態変化してまして、**今は第三形態**なんです。

森　田　形態変化ってどういうこと⁉

ワッコ　うちの両親はどちらも高校教師で、母親は全日制の普通高校、父親は定時制で働いていました。だから昼間家にいる父が家事をしていたんですが、自分は分担しないクセに「洗濯物を干すのが下手すぎる！」とか「料理がまずい、死ね！」とか、父にブチギレまくっていた頃の母が第一形態。

森　田　すでに凄まじいな……。

ワッコ　で、思想がどんどん強くなりはじめたのが第二形態で、現在は「60代の引きこもり」という第三形態になっています。どの時期も共通して、母はいつもひとりで怒り狂ってるんです。たとえば「ピアノの発表会のために可愛い服を買う親は品が悪い」とか、「成人式でレンタル着物を着てファーつけてる女は頭が悪い」とか、「小型犬を飼う女は馬鹿」とか。極めつけに「**恋愛は馬鹿がやることだ**」と叫んだり、とにかく世間の女の人をディスりまくる。いちいちアナーキーな発言をするんですよ。

清　田　なぜそこまで女性嫌悪が激しいんだろう。もしかして……ネトウヨ？

ワッコ　うちの親、ネトウヨなんですかね……。でも思想的には**ガシガシの左**で、しかもビーガンなんですよ。母はメンタルと体調を崩した第二形態の時に、豆と野菜しか食べなくなってどんどん痩せていきました。少し前に5年ぶりに会ったんですけど、ヨギー感がすごくて片岡鶴太郎さんか流木みたいでしたね。って、この話大丈夫ですか？　みなさん興味ありますかね？

森　田　深刻な話ではあるけど、すごく興味深いよ。

母の奇行、戸惑うワッコ

ワッコ　小学生のとき電車に乗っていたら、隣に座っていた母が股間を急にごそごそしはじめて。何かと思ったら、**その場でナプキンを替えていたん**です。

清　田　えっ？　生理用の⁉

ワッコ　そうです。

森　田　めまいがしてきた……。使用済みのナプキンはどうしたの？

ワッコ　ふつうに丸めてカバンにしまってたと思います。あと、わたしが高校生のときには、急に「**インド人になりたい**」と言いはじめたこともありました。その頃はメンタルや体調を崩して出勤できなくなっていて、それをなんとかするためにインド人になると。

森　田　だからビーガンでヨギーなんだ。

ワッコ　はい……。その時期は休職中の母が食事を作ってたんですけど、すべてのメニューにクミンとか、謎のスパイスが入ってるんですよ。味噌汁にも入ってて、どう考えても**スパイスがお湯に溶けてるだけの汁**なんですけど、それを味噌汁と言い張ってました。高校生のときは母が弁当を作ってくれていたんですが、その中身ももちろんヤバくて。

森　田　どんな感じだったの？

ワッコ　**一面が草……大草原……**。生のピーマンにカレー粉をかけただけの物体がおかずで、それに玄米とかですね。友達に見られたら死ぬと思って、玄米部分だけ食べて毎日弁当を捨ててました。栄養が足りてなかったのか、ひどい貧血になって通院する羽目になりましたし。

清　田　草原弁当……。母親のお弁当が強烈だったという話は田房永子《たぶさえいこ》さんのマンガ『母がしんどい』にも出てきた。田房さんのところはおかずにスープが入ってて、蓋を開けると全体的に茶色く液状化しているというお弁当だった。しかも90％の確率でお母さんの髪の毛が入っていたみたいで。

ワッコ　田房さんのマンガを読んだとき、わかりみがすごかったです。うちは緑のぐっちゃぐちゃでしたけど……。ウインナーとか卵焼きみたいな、普通のお弁当が羨ましかったなあ。

森　田　泣けてきた……。

ワッコ　第二形態の時期は家の食事が毎日インド飯だったから、だんだん父も頭おかしくなりそうになっていて、ふたりで市販の弁当を買い食いしたこともありました。

森　田　そういう意味では、お父さんとは連帯感があったの？

ワッコ　いや、父に対しては「お前が責任とってあの女をなんとかしろよ」と思ってました。子どものわたしが何を言っても母は取り合わないので。でも父は諦めの境地にいて、**家では部屋に閉じこもって作曲していた。**こいつもこいつでやばいんですよ。

森　田　お父さんは音楽の先生なの？

ワッコ　いいえ、数学の教師なんですけど、いつからか音楽と数学は似てるとか言い出して、自室に「コムロかな？」っていうセットをつくってました。

森　田　カオスだね。お父さんのことも嫌いなの？

ワッコ　父は母よりはまだ少しまともだなとは思うけど、もはや好き嫌いの感情はないですね。わたしはひとりっ子なのですが、小学生くらいの時から家族3人で食卓を囲んだことがない。父と母は、**わたしが紙を受け渡すことでしか会話をしなかった**んです。

森　田　えっ、紙!?

ワッコ　教師の家にはたくさん裏紙があるんですよ。そこにたとえば「明日、1時から車使います」と母が書くんですよ。それをわたしが父の部屋に持っていく。そして父が紙に「わかりました」と返事を書き、わたしが母に渡すという。

清　田　LINEみたいな機能だね……。古くは伝書鳩みたいな。

ワッコ　ほんと、**原始的なLINE**ですよ。当時、自分はニフティとかOCNみたいなプロバイダーなのかな!?って思ってましたもん……。

「家族付き合いができない」という悩み

ワッコ　ただ、こういう風にポップに話せるようになったのは最近のことですね。中学・高校の時期は、家のすべてが恥ずかしくて。学校行事に親が来るのとかももちろんイヤで、「わたしという人間と家族をつなげて考えないで」と思ってました。

森　田　今のワッコはどういう心持ちでいるの？　この先の人生に親はもう関係ないと割り切っているの？

ワッコ　うーん、無関係と思いたいところですが……もしこの先わたしに結婚の機会が訪れるとするじゃないですか。そしたら普通は**結婚相手がうちの両親に会うというターンがあるわけですよね**。まあ、その瞬間に破談になる自信がある。

森　田　なるほど……かなり悩ましい問題だよね。

ワッコ　だから、家族と仲のいい男性とは結婚できないのかなって思います。たまに友達から家族の話を聞いて「普通の家庭はこんな風に仲良しなんだ」とか思いますもん。あまりにも世界が違う。

清　田　親を絡めずに結婚することだってもちろん可能だとは思うけど、ワッコがこれまで両親に対して抱いてきた気持ちを、相手やその家族はどこまで理解してくれるのかってことを想像すると、その道のりの困難さにクラクラする。

森　田　親と縁を切ってるぐらいの男性じゃないと、伝わらないかもしれないね……。

ワッコ　ガチでそれぐらいじゃないと、うちの家の世界観を理解できないと思います。昨年末に母の父親、わたしにとっての祖父が亡くなって葬式があったんですけど、その式すら母親は途中で帰っちゃいましたから。もうこんな人、普通の人には会わせられない。

森　田　実父のお葬式なのに帰っちゃうの？

ワッコ　そうなんです……。親戚もドン引きでした。親戚は最後まで残っていたわたしを見て「ワッコちゃんはしっかりしてるね」って言ってくれたんですけど、あらためてその日、〝おらこんな家イヤだ！〟と心底絶望してしまって。「わたしは母と父とは関係ないものだと思ってください。**うちはひとりひとりで生きてるので！**」と、熱弁して帰ってきました。自分の親族とすらうまく付き合えない人たちが、娘の結婚相手の家族とうまくやれるわけないですよ……。

「負の連鎖」への恐怖

清田　ワッコは最近よく「カレシが欲しい」と言ってるけど、結婚願望がないわけではないんだよね？

ワッコ　**50秒に1回くらい結婚したいって気持ちになる**んですよ。なぜしたいのかはよくわからないんですが。でもどこかに、あの親がいたから結婚できなかったとは思いたくないという気持ちがある。あの人たちから影響を受けて、家庭を持てなかったとは思いたくないんです。

清田　なるほどなるほど。

ワッコ　ただ、わたしが探すべき、実家と絶縁してるような男性は、本人も家庭を持ちたくないのではないかという懸念もあるんです。わたしの女友達のカレシは母親とほぼ絶縁しているらしいんですけど、**自分の家族のことがあるからまったく結婚願望がわかないら**しくて。子どももほしくないと言ってるみたいです。

森田　家族観って「自分の家族」が基準になるからそう考えるのも無理はないんだろう

けど……ワッコはどちらかというと、そこから脱出してイチからはじめたいという感じなのかなと、話を聞いてて思ったよ。

清　田　もしかしたらその彼には、自分が親にされたことをパートナーや子どもにやってしまいそうで怖いという思いもあるのかもしれない。イヤだと思いつつ自分も同じ状況を再生産してしまうんじゃないかと不安に思っている人も多いと思うんだけど、ワッコはそういう気持ちってある？

ワッコ　いえ、母親みたいになる気はまったくしないですね。**絶対にない‼**　似ていると思ったことも一度もないんです。

清　田　確かにワッコは他者との距離感をすごく気にする人だし、そういう感じはないか。俺はたとえば子どもができたとして、**子育ての過程で過干渉をやらかしてしまうんじゃないか**と恐れてて。相手にコミットしている自負が強まるほど自他の境界線を踏み越えて過度な期待やプレッシャーを与えかねないというのが俺の悪い癖だと思うので。

森　田　その不安もわかるけど、子育ては清田ひとりでするものでもないよね。過干渉が顔を出したら、多分おくさんが指摘するような気がする。夫婦って一番身近にいる他者だと思うんだよね。子どもにとって親は最初から家族だけど、夫婦はそれぞれが違う家庭の文化や常識を持ち寄って新しい家族をつくるわけで、だからこそ摩擦も生まれるんだけど、それが一定の距離感や批評性を担保する部分もあるんじゃないかな。

清田　確かにそうね。俺が特定の誰かへの不満や愚痴を多発していたら過干渉モードの疑いありなので、そのときはふたりも遠慮なくご指摘ください……。

森田　ただ、今言ったことは夫婦間でフラットな関係性が築けているケースにしか当てはまらないだろうから、人によっては理想論っぽく聞こえるかもしれない。

ワッコ　確かに、うちの親みたいな**伝書鳩系夫婦にはムリかも**。何はともあれわたしは結婚したいですよ！　難あり家族のことも受け入れてくれる男性がもしいたら最高なのですが……。とりあえず、マッチングアプリをやりこんでみます。

11

恋愛と謝罪

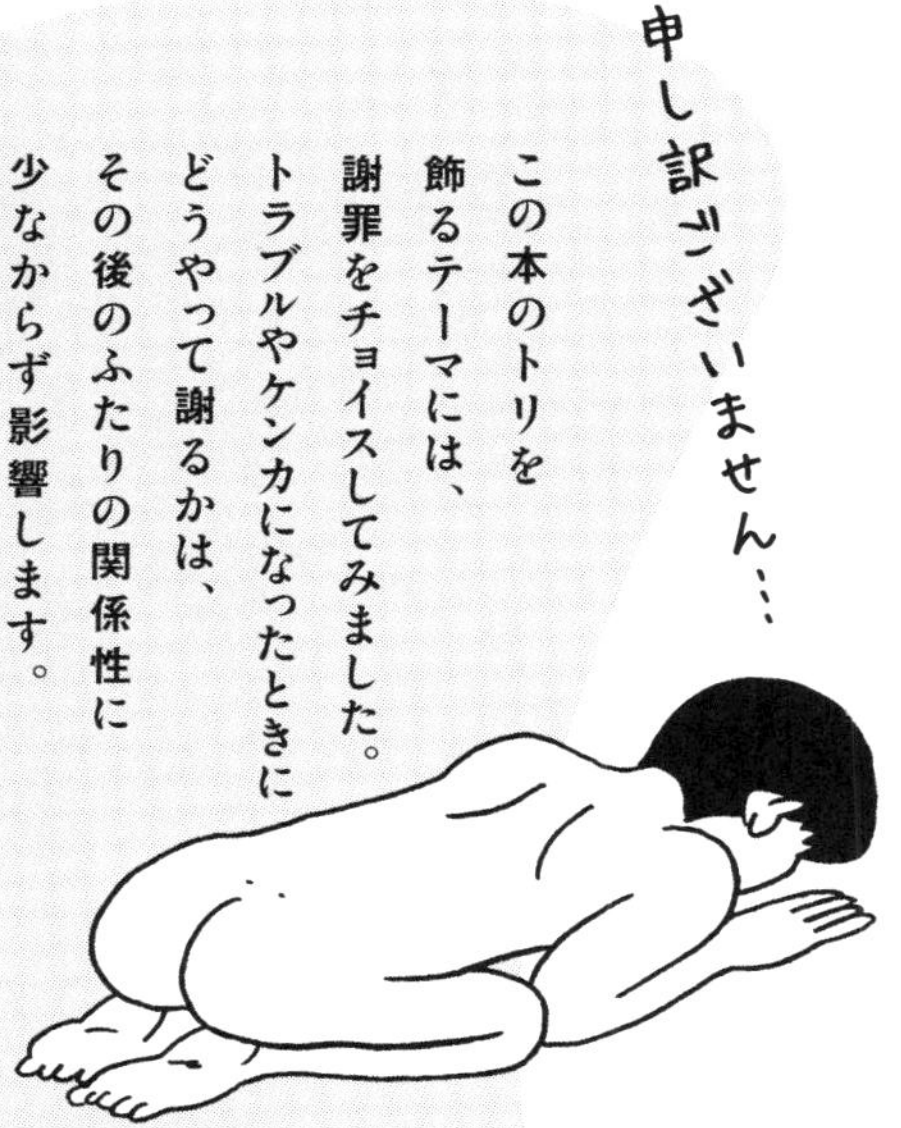

この本のトリを
飾るテーマには、
謝罪をチョイスしてみました。
トラブルやケンカになったときに
どうやって謝るかは、
その後のふたりの関係性に
少なからず影響します。
謝罪に失敗しないことは、恋愛において
かなり重要だと言えそうです。
その名も『失敗しない謝り方』
という書籍を参考に、
恋愛と謝罪について掘り下げていきます。

清　田　女友達と恋バナしてると、「カレシに謝られたけど腑に落ちない」とか、「何かあるとすぐ謝るカレシにイラっとする」とか、謝罪にまつわる愚痴や不満を聞くことが結構あるんだよね。

ワッコ　すごくわかる……。言葉の上では謝られてるのに、なぜか全然謝られた気がしないことってあるなぁ。あと、最近友達からは「絶対に謝ろうとしない夫」の話を聞きました。

清　田　謎に謝らない男っているもんね……。恋愛と謝罪って、改めて語られることはあまりないけど、結構複雑な問題な気がするのよ。

森　田　俺も女友達から、**カレシに謝られたのになぜかモヤモヤが残った**という話を聞いたことがある。これは彼女の誕生日の夜に起きた出来事なんだけど。

ワッコ　**1年のなかでもっとも謝られたくない日**ですね。

森　田　その日は平日だったから、カレシと仕事の後にゴハンへ行く約束をして、お店で待ち合わせたんだって。そしたら彼が1時間以上遅刻してきた。

清　田　誕生日の夜にお店でひとりぼっちって、想像しただけで切なくなるな。

森　田　遅れてきたカレシは、開口一番「**会議が長引いちゃってどうしても抜けられなくて！**」と言い、それから「本当にごめん」と謝ってきた。その後、会議がいかに大変だったかを話の長い上司への批判も交えてとうとうと説明してきたらしく、それを聞きながら彼女は**待たされてるときより悲しい気持ちになった**と言っていた。

清田　怒りより悲しみだったんだね。

森田　その場では「仕方ないから大丈夫だよ」と言ったけど、自分のなかでは納得できなくて、その後ずっとモヤモヤしてしまったとのことでした。これ、カレシは一応「本当にごめん」と謝ってはいるんだけど、彼女の気持ちはまったく収まってないわけで、**謝罪としては失敗**だと思うんだよね。

ワッコ　「ごめん」の比率が少なすぎたのかなって思いました。言い訳の尺のほうが圧倒的に長かったのが問題なのかも。あと、**そもそも最初に「ごめん」を持ってきてほしい**ですよね。

清田　言い訳がメインになっちゃってるもんね。バランス逆だろって感じはする。ただ、擁護したいわけじゃないんだけど、想像するに彼もできる範囲で最善を尽くしたような気はするのよ。会議中は時計を気にしつつぐだぐだ話す上司にイライラしたりして、終わったら大急ぎで待ち合わせ場所に向かった、みたいな背景があったかもしれない。

ワッコ　そのつらさも、わかるっちゃわかる。

清田　彼女が待たされた事実に変わりはないけど、彼に100％責任があったかというと、そうとも言い切れない。そういうなかでこの謝罪がなぜ失敗してしまったのかを考えるのは、なかなか奥深い問題のような気がする。

そもそも謝罪とは？
モヤモヤの正体に迫る

森田　社会心理学者である大渕憲一さんの著書『失敗しない謝り方』（CCCメディアハウス）には、謝罪という行為の意味や効果がわかりやすく解説されている。この本を参考にすると各エピソードの構造がクリアに見えてくるので、ここでちょっと紹介したいなと。まずは次の図を見てほしいんだけど、本書によると、人が何かトラブルを起こしたときに行う説明のことを「釈明」といって、釈明行為は図にあるように4つのタイプに分けられるんだって。ちなみに謝罪もそのなかの1タイプになる。

清田　俺もこの本ではじめて知ったけど、謝罪って実はこういう判断のフローに沿って行うものなんだね。

森田　図にある「負事象」というのは、失敗やルール違反、他者への迷惑や危害といったトラブルのことで、さっきの例でいうと、「待ち合わせに遅れてきたこと」が負事象に

釈明の4タイプと判断のフロー

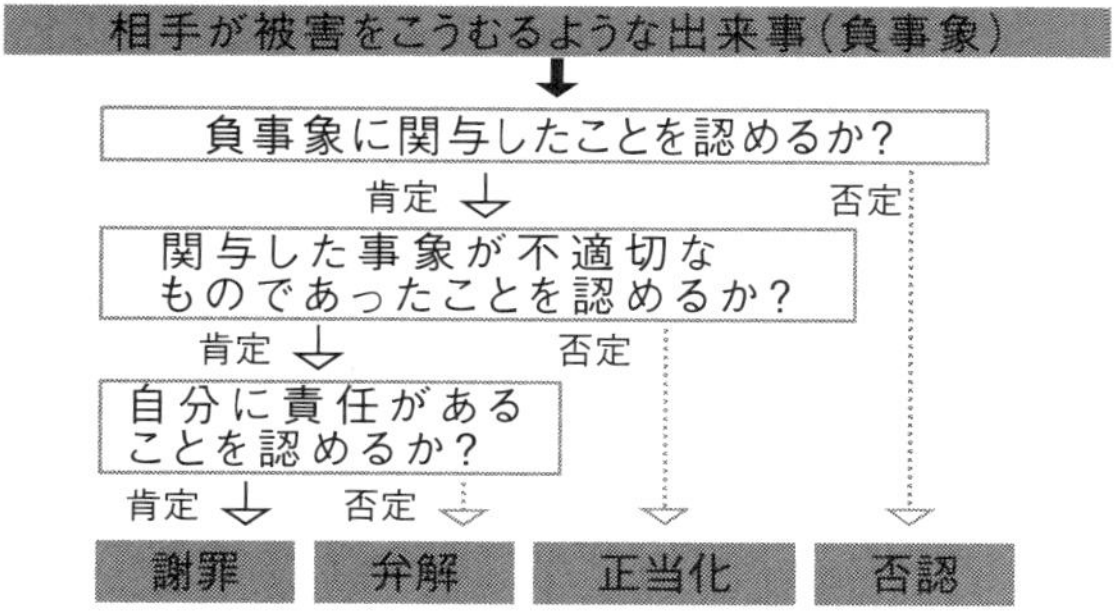

『失敗しない謝り方』P34を参考に作図

なる。

清田　そこでいきなり「**俺は遅れてない!**」と主張するのが、図の右下にある否認だよね。

ワッコ　ある意味カッコいいですね。

森田　「遅刻したこと（＝負事象への関与）」を認めると、次はそれが不適切だったかどうかという判断になる。

ワッコ　不適切であることを認めないのは、たとえば「**俺が遅刻したおかげで本を読めてよかったじゃん**」みたいな開き直りですかね。

森田　まさにそういう釈明が正当化だね。さっきのカレシの場合は、不適切であることは認めているから、少なくとも正当化ではないということになる。そのように「確かに悪いことをしてしまった」と認めたあとは、「**その責任は自分にあるかどうか**」という判断になる。そこを認めないと**弁解**になるわけだけど、カレシは責任を自分ではなく長引いた会議のせいにしているからここに該当しそうだよね。

清　田　「本当にごめん」と謝ってはいるけど、実は謝罪ではなく弁解だった……ということだよね。

森　田　そうだね。前ページの図にあるように、**謝罪は自分の責任を認めてはじめて成り立つこと**なので、弁解と謝罪を同時にするのは、理屈で言うとおかしな振る舞いになる。

ワッコ　でも現実にはこういう謝り方ってよくありますよね。

森　田　部分的に責任を認めてそこについては謝る、みたいなことも多いからね。ただ、釈明する側の認識の問題もあると思う。彼は「本当にごめん」と口にしているから、**本人としてはおそらく謝罪したつもりになっている**。だけど実際には「遅刻は俺のせいじゃない」と言っているのと同じだから、**彼女はちっとも謝られた気がしない**。おそらくこの齟齬が、彼女の悲しみやモヤモヤの原因になっているんじゃないかな。

ワッコ　こういうことって、あるあるレベルで起きてる気がします。

謝らない男、とりあえず謝る男

ワッコ　わたしの女友達の夫は基本的に〝謝らない男〟らしくて、珍しく謝るときにも必ず「その件に関しては俺が悪かった……**のかもしれない**」と、かなり部分的かつ婉曲的に言ってくるらしいんですよ。

森田　ボカシを重ねてくるわけか。

ワッコ　「その件」がどのことなのかも明確にしないし、文末も曖昧にしてくるから、謝られた気がせずかえって腹が立つそうです。「ごめんというひと言がなぜ素直に言えないの？」と彼女は疑問を抱いてました。

清田　彼には彼なりの「謝らない理由」があるのだろうか。

ワッコ　うーん。いわゆる亭主関白なタイプらしいので、そういうのも関係あるのかな。

森田　**プライドが邪魔をする**というのはやっぱりあるだろうね。

清田　謝らない男の話は恋愛相談の現場でもめちゃくちゃ聞くよね。あと、「怒らせたならごめん」、「気分を害したなら謝る」といった謝り方をする男性もよく登場する。

ワッコ　**クレーム対応スタイル**ですよね。とりあえず場を収めるみたいな。
清田　相手の気を悪くさせた原因にどれだけ自分が関与しているかとか、そこに自分の責任がどの程度あるかとかは考えず、まずは形式的に謝るというね。
森田　先の図に照らすと、クレーム対応スタイルの特徴は「負事象に関与したことを認めるか」すら肯定してなさそうなところだよね。段階を全部すっ飛ばして形ばかりの謝罪をされても、謝られた側は納得できない。
清田　ニコ生番組では、「カレシがすぐ謝る人だから、**自分がクレーマー扱いされてるようでムカつくことが多い**」というコメントもありました。
ワッコ　「はいはい、俺が悪かったよね」みたいなやつ！　わたしも経験あるんですけど、あれはホントに腹立ちます。
清田　謝ってるようでいて、「俺のほうが大人だから折れるよ」みたいなアピールにも感じるよね。
森田　**大人マウンティング**か。
ワッコ　昔、会社の研修でクレーマーからの電話対応を教わったことがあるんですけど、まさにそんな感じでした。「貴重なご意見ありがとうございました」みたいな、魂の入ってない謝罪って何なんですかね。

森　田　向き合ってくれる姿勢が一切感じられないと、悲しくなるよね。魂が入ってないことってすぐわかるから、謝罪が逆効果になる場合のほうが多い気がする。そもそも約束を破られたり、ひどいことをされたりして傷ついてるわけで……。本来であれば、そういう**傷ついた心を癒せるのが謝罪という行為**なんだよね。

ワッコ　謝罪ヒーリング？

森　田　ふふ。その言い方だと途端に怪しくなるな。『失敗しない謝り方』によると、人は傷つけられて自尊心が低下すると、自分が低い立場に置かれたように感じられるんだけど、謝罪はそのような低い立場にいる相手よりも、**さらに下の地位に身を置く行為**になる。もっとも極端な象徴が土下座だね。謝られた側は、それによって「**生殺与奪権**《せいさつよだつけん》」を与えられる。

清　田　ちょっとものものしい言葉だけど、生かすも殺すも自分次第ということだから、まさに〝権力〟という感じがする。

森　田　許す・許さないはこちらで決められるというパワーを実感してはじめて、傷ついた人のみじめな気持ちが癒される。それを本書では「**謝罪のエンパワーメント効果**」と呼んでいる。次ページの図みたいなイメージになるのかなと。

ワッコ　さっきの「ハイハイ、ごめんごめん」みたいなクレーム対応スタイルは、**自分の**

謝罪のエンパワーメント効果

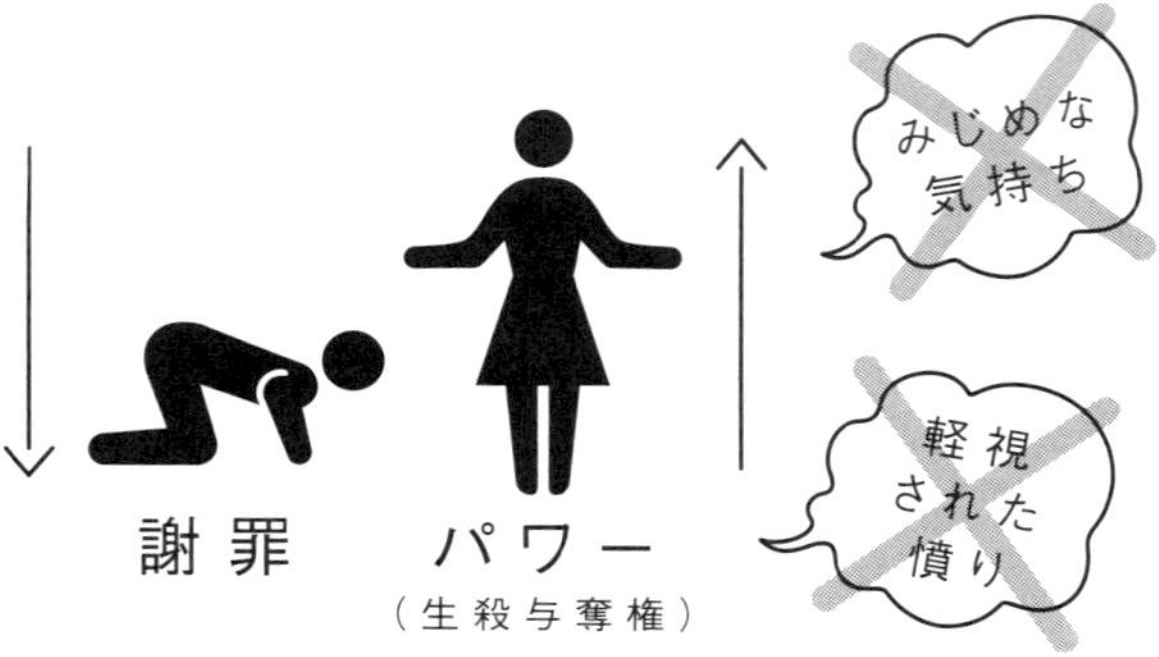

立場を下げずにその場で謝ってる感じですよね。だから全然癒されないのかも。

森田　むしろ〝大人マウンティング〟によって、相手よりも優位に立とうとしてるところすらあるわけだからね。

ワッコ　亭主関白な「謝れない夫」も、「相手よりも下の地位に身を置くこと」ができないんでしょうね。妻の気持ちよりも自分のポジションを優先するという。ゲンナリだわ。

清田　不思議なのは、謝罪されたときに、これは心のこもっていない形式だけの謝罪だなとか、心からの謝罪で癒されるなとか、そういうことが直感でわかるところだよね。**身体感覚でわかる**というか。

森田　言葉だけじゃなくて、表情や仕草など、向き合っている相手の全体を通じて感じているんだろうね。

ワッコ　こうやって見てみると、謝罪がとても繊細な行為であることがわかりますね。謝罪を成功させるのって、実はかなり難しいことなのかも……。

謝るのがうまい男

森田　『失敗しない謝り方』で謝罪の本質を学べたおかげか、俺は妻に謝り方をほめられたんだよ。「**森田さんは謝るのがうまい**」って。

ワッコ　謝るようなことするなよという話もありますが……「謝るのがうまい」ってどういうことですか？

森田　妻いわく、「私が何に対して怒ってるかを読解して言葉にした上で、まずはその怒りの感情に向き合ってくれる感じがある。それを踏まえて繰り返さないための対策や改善点を伝えてくるから、謝罪に納得感がある」んだって。

清田　確かに完璧な謝罪のように感じるね。

森田　ただ、妻には「うますぎて逆に引っかかるところがある」とも言われた。**まるで**

「出口の現代文」（※）のような謝罪だって。論理的すぎてこなれてる感があり、そこに妻は警戒しているようです。（※東進ハイスクール講師・出口汪《でぐちひろし》による大人気の受験参考書）

ワッコ　警戒!!

清田　すごいフェーズに入ってるね。

森田　多分、読解が冷静すぎるということだと思う。それで「戦略的」な印象が強くなってしまっているのではないかと。

ワッコ　おくさん的にはもっとエモがほしいってことですかね。「ロジカルすぎるだろ！」みたいな。

清田　自分が怒っているときに、相手から「出口の現代文」のトーンで読解されたら、確かにちょっとイヤかも。

森田　これはなかなか難しい問題なんだよ。正しく謝罪するには、修羅場のなかで相手の気持ちを読解して、「自分はどのようにひどいことをしたか」を客観的に整理して頭を下げる必要があるんだけど、一方で、冷静すぎると打算的な印象が強くなり、**「心からの謝罪」というイメージからは離れていく……**。

ワッコ　あちらを立てればこちらが立たず、ですね。ほんと謝罪むずいな。

エモーショナルで許された男

清田　俺も専務と同じような読解系で謝ることが多いんだけど、かつて一度だけ、**恋人にエモ謝罪をしたことがありまして……**それで結果的に別れ話がなしになったことがある。
ワッコ　清田さんがエモ謝罪って意外ですね。
清田　当時俺はBさんという女性と恋人関係にあったんだけど、その前に付き合っていたAさんという人とブログをやっていたのね。といっても自分たちしか見られないクローズドなもので、思いついたことをメモ的に書きつけてコメントし合うという、今で言うLINEに近いような場だったんだけど。
ワッコ　元カノとブログ……すでにエモいですね。
清田　Aさんとは会社の同僚で、別れたあとも毎日顔を合わせていたから、そのブログもそのまま継続していて。
森田　清田は別れたカノジョと友達になるのが得意だよね。

清　田　Aさんにはラジオにも何度か出てもらったしね……今でも普通に茶飲み友達なんだけど。それはさておき、**ある日そのブログをBさんに見られてしまったわけです。**

ワッコ　えっ!!　なんでバレちゃったんですか!?

清　田　ある日Bさんがひとりでうちにいたとき、俺のパソコンで調べ物をしてて、たまたまブックマーク経由で見つけてしまったみたい。

ワッコ　ブックマーク一覧のなかで怪しいオーラを放ってたんですかね……。

清　田　デザイン的に真っ黄色のサイトだったから、確かにちょっと異質だったのかも。俺は外出していて、発見した瞬間には居合わせていないんだけど、彼女はそのブログをほぼ〝浮気認定〟したようで、「ブログを読んでしまいました。ショックでした。もう付き合っていく自信がありません」という旨の手紙が置かれていた……。

森　田　一気に別れ話まで進んだのか。

清　田　帰宅してその手紙を読んだときはまじで心臓が止まるかと思った。でも、俺としては「**これだけで浮気!?**」とか、「人のブックマークを**勝手に見るはどうなの!?**」という気持ちもあって。ブログの内容的にも、最近考えたことなんかを書いているだけだったので、別れを受け入れることは到底できなかった。

ワッコ　「チュキチュキ〜♡」みたいなのじゃなかったんですね。

清　田　そういうのは一切なくて、会社の不満とか、仕事の不安とか、人間関係の悩みとか、今後どうしたらいいかとか、20代の若者的な話題がほとんどだった。

ワッコ　元カノとワンチャン狙ってるとかではないよ、と。

清　田　手紙を読んだ夜に電話をしたんだけど、「**ごめん。でも違うんだ！**」とそこで必死の弁解をしました。誤解さえ解ければ彼女の悲しみや怒りは収まるのではないかと思い、「メモみたいなもんだから」と繰り返し主張して。でも彼女は「**そんなことはわかってる**」と言ったのよ。

森　田　そんな単純なことで怒ってるわけじゃないよって感じだね。

清　田　彼女が疑っていたのは肉体関係のあるような浮気ではなく、「お前ら別れてもなんだかんだソウルメイトじゃねえか」という、いわば〝**魂の浮気**〟だった。

ワッコ　魂の浮気!!

森　田　俺はAさんともBさんとも友達だからわかるんだけど、Bさんは清田と付き合っているときに、元カノであるAさんのことをすごく気にしてたからね。清田がAさんと一緒に働いていることも知っていたし、「清田は自分にしない話をAさんには話してるんじゃないか」みたいな不安やさみしさもあったんだと思う。

清　田　確かにそういうところはあった気がする。ただ俺としては、Bさんには高校時代から片想いしていたという歴史もあり彼女のことを好きだという気持ちには強い確信があって。

ワッコ　**ちゃんと魂から好きだ**と主張したわけですね。

清田　それでも「別れる」、「もう無理」と彼女は言い続け、その態度がかたくなだったから、俺はパニックに陥ってしまった。それで**とうとう号泣してしまったんです。**

ワッコ　号泣⁉

清田　いったん泣きはじめたら涙が止まらなくなっちゃって。そしたら彼女がびっくりしちゃったのよ。あまりに驚いて、逆に「ごめん」と謝ってきたくらいで。その展開に俺もびっくりしたけど、振り返って考えてみるに、おそらく俺が「泣く」というコマンドを選択したのが意外すぎたんだと思う。

森田　清田が人前で泣くとか、俺も想像できない……。

清田　謝罪の涙というわけではなかったし、ブログのことも究極的に悪いとは思ってなかった感があるんだけど、そういうこととは別に、「別れたくない！」って気持ちがそれほどリアルなものなんだということが号泣を通じて伝わり、**それが彼女にとってのエンパワーメントになった**ということではないかと思う。そんな結果になるとは1ミリも想像していなかったけど……。

森田　相当、下にもぐりこんだ感じだよね。

清田　さっきまで「悲しませてしまったことはごめんだけど、これって浮気じゃなくない？」、「なんなら、人のブックマークを覗いたあなたにも問題あるのでは？」という態度だった人が、**いきなり「ウェ〜〜〜ン！」**だからね……落差がすごい。それで結果的に、その後もお付き合いを続けることができました。

森田　つまり清田の号泣によって彼女のなかで浮上したものが、彼女にとって一番必要なものだったんだろうね。おそらくそれは「自信」だよね。**「清田は〝本当に〟私のことを好きなのだろうか**」という不安が彼女には常にあって、自信を持てないでいたんじゃないかな。

ワッコ　ブログの発見は、不安が噴出するきっかけに過ぎなかったわけですね。

清田　あのとき思わず号泣してしまったわけだけど、**そのエモーションがなければ彼女に気持ちは伝わらなかった**と思う。もしもそこで冷静に読解モードになり、「そっか、不安にさせちゃってたんだね。ごめんね」と〝出口式〟で謝罪してもうまくいかなかっただろうな。

森田　**そこは〝出口式〟じゃだめ**だったろうねえ。エモでよかった。

清田　人生で一度きりのエモ謝罪でした。

泣けば許されるというものでもない

ワッコ　清田さんの号泣エピソードを聞いてて改めて思ったんですけど、泣くのって最強のエモ表現ですよね。わたしの女友達も、**泣いたカレシを許してしまったことがある**と言ってました。

清田　それはどういう状況だったの？

ワッコ　その子とカレシは同棲していたんですけど、彼が出会い系サイトに登録して女性とやり取りしてたらしいんです。彼女がそれに気づいて問い詰めたら、カレシは猫なで声で「許して♡」と謝ってきた。

清田　ずいぶん軽いな……。

ワッコ　もちろん彼女としては許せないからガン無視して、もう同棲解消するつもりで荷づくりをはじめたそうです。その最中にふと彼の方を見たら、**「俺が悪かった……」と涙を流していた**。彼女はいったんそこで許したんですけど、泣いているときのカレシの鼻の穴が見たことないくらい膨らんでいたから、「胡散臭いなぁ……」とも思ってたようです。で、案の定2か月後にガッツリ浮気していることが判明し、彼女は別れを決意しました。

清田　彼の涙は演技だったのかな。

森田　泣いて謝れば許されるという打算があったんじゃないかなぁ。

ワッコ　この話には後日談があるんですよ。別れた数か月後に、なんとカレの母親から彼女のもとにメールが届いたらしいんです。「**息子が本当に反省しているから、許してやってほしい**」と。

清田　お母さんを介しての謝罪！　斬新すぎる。

ワッコ　彼女も「謝罪に親まで出す成人男性がいるとは……」とますます呆れてました。

森田　母親を出せば許してもらえるとでも思ったのかねえ。

浮気彼氏の〝ブルチン土下座〟を許せなかった理由

ワッコ　浮気の話をしていて思い出したんですが、わたしは**同棲してた元カレに浮気されたときの対応を反省**しているんです。

清　田　どういうこと？

ワッコ　謝罪のさせ方を間違えてしまったんじゃないかと思って……。当時、彼は**既婚者の女性とゴリゴリに浮気**していて、わたしはその動向を完全に把握していたんです。それである日、彼が明らかにホテルから帰宅したタイミングで問い詰めました。彼は家に帰ってきてそのままスーっとシャワーを浴びにいったので、出てきたところを狙い撃ちし、全裸で体を拭いてる彼に向かって「**君、今セックスしてきたよね？**」と言ったんです。

清　田　浮気をしてきた男は帰宅後にすぐにシャワーを浴びがちって話、あるあるレベルでよく聞くもんね……。

ワッコ　そしたら、そのまま**フルチンで土下座**されましたね。

森　田　すごい絵面《えづら》だね……。

ワッコ　ただですね、さっき紹介されていた「釈明の4タイプ」のチャートで考えると、彼は土下座してるくせに、主張としては完全に弁解をしてきたんです。

森　田　そこからどうやって弁解するの⁉

ワッコ　「**俺からは一度も誘ったことはない**」って言いやがったんです。なんなら自分は〝やられていた側〟だと主張したかったんでしょうね。「俺に人間としての意思はなく、**ただの〝棒〟だった**」みたいな調子で。

森　田　**棒理論**……。

ワッコ　その時点で大分おかしいんですが、さらに「**ちょうど今日でやめようと思ってたところなんだ！**」と言ってきたんですよ。あと、「今日でよかった！」とも口にしてました。

清　田　ど、どういうこと？

ワッコ　「君は今日、俺の浮気に気づいたみたいだけど、俺もちょうどさっき浮気をやめようと思ってたんだ！」ということだと思います。これ、さっきの釈明チャートだとどこに当てはまるんですかね？

森　田　や……もう、全然わかんねえ。問題がズレまくってる。

ワッコ　一応、フルチン土下座はされてるんですけどね。

清　田　エンパワーメントはあったの？

ワッコ　フルチン土下座のビジュアルはすごく情けなくて、その瞬間はそれなりにエンパワーされました。直前までギンギンだったはずのちんこもシュン……としてましたし。ただ、土下座のあとに「俺はただの棒」とか「ちょうど今日で！」とか言ってきたことで、最終的には激オコでした。絶対に許さん！と。

森　田　素直に謝罪だけしてれば収束できたかもなのに、無理に弁解しちゃうから……。

清　田　この「誘ってくるのはいつもあちらで、俺は積極的だったわけじゃない」というのも、相当気になる弁解だよね。それってつまり、自分が求められた側だったということでしょ？　ある意味、自分をめっちゃ「上」に位置づけてるよね。

森　田　〝棒〟として立ってるだけで女性が寄ってくると言ってるわけだからね。

ワッコ　**行列のできる棒アピール！**

清　田　彼の〝棒理論〟は、もちろん主体性の否定（＝責任逃れ）がメインなんだろうけど、土下座して下がった分のプライドを回復させようとしているような印象もある。

ワッコ　なるほど……。当時はそこまで考えが至らなかったけど、そういう意味でもムカつきますね。

森　田　斬新すぎるけど、ひょっとして棒理論は〝浮気男あるある〟なのかなあ。

ワッコ　で、実はここまでの話は「前提」なんですよ。わたしが反省してるのは、そのあとの話なんです。

「高いカバンを買わせる」という謝らせ方

清　田　そうだ、ワッコが対応を反省してるって話だった。

ワッコ　フルチン土下座の直後に友達数人と飲んで一連の話をしたら、全員から「もっと償わせろ！」と言われたんです。「しっかり謝らせろ！」と。それで彼に何をさせたらいいかを話し合った結果、**「高いカバンを買ってもらえ」**というところに落ち着いたんです。そこでわたしも「確かに！」と思ってしまって。

森　田　慰謝料的な話だね。

ワッコ　わたしは彼の謝罪で〝浮上感〟をまったく感じていなかったから、カバンで気持ちが晴れるならいいかなと思ったんです。で、実際に高いバッグを買ってもらったんですが、結果的に**気持ちはまったく浮上しなかった**。

清　田　それが失敗だったと反省しているわけか。

ワッコ　はい。「どんだけ高い物を買わせられるか」みたいな方向に話がズレてしまった感があるんですよね。そんなことより、もっと**納得できる謝罪を引き出すまで粘り強く詰めればよかった**……。

森　田　高いカバンを買わせたことで、浮気が「金で償えるもの」になっちゃったのかもね。

ワッコ　そうなんです！　カバンで**謝罪完了感**が出ちゃったんです。わたしはずっとモヤモヤしたままなのに、向こうは刑期が終わってスッキリしちゃってる。

清田　清算した、みたいな。

森田　下手するとルーティンみたいになってしまう恐れもあるよね。「次に浮気しても、**とりあえず土下座してバッグを買えば許されるのかな**」みたいな。

ワッコ　実際そのあとまたゴリゴリに浮気されました。

森田　そっか……。ほんと、浮気する人は繰り返すよねえ。

清田　「高いカバンよりも納得できる謝罪を引き出したかった」という反省はとても興味深いんだけど、ワッコは本当のところ何が欲しかったのだろうか。「二度と浮気しない」という確信が欲しかったのか、彼の本当の気持ちを知りたかったのか。

ワッコ　確かに、何が欲しかったんだろう……。う──ん……うまく言葉にできる気がしません。

森田　清田の号泣みたいなエモ謝罪だったのかな。

ワッコ　泣かれたらびっくりしたとは思うけど、それで許せたかどうかはわからないしなぁ。

森田　もしかしたら、「自分はどう謝罪されたらエンパワーメントされるか」は**結果論的にしかわからない**ことなのかもしれないね。「あ、これで気が済んだな」となってみて

フルチン土下座で高価なカバンを差し出すカレシと、浮かない表情のワッコ

はじめてわかる、みたいな。

ワッコ　確かに。しっくり来る謝罪をされてみないと、自分がどこに一番傷ついていたのかが整理されないのかもしれませんね。

謝罪って本当はポジティブなもの？

ワッコ　さて、ここまで謝罪についてかなり長いこと話してきましたけど、深くてエモいエピソードが多かったですよね。

清　田　俺も号泣エピソードを聞いていただき心が浄化されました。

森　田　清田の話もそうだけど、謝罪で持ち直せる関係って、本質的にうまくいってる関係だと思うんだよね。謝るということも、謝られたら許すということも、どちらも**関係を続けたいことの意思表示**じゃない？

清　田　確かにそうかも。ケンカやトラブル自体はネガティブなものだけど、関係を修復したいって気持ちはポジティブとも言えるよね。

森　田　多分、その気持ちがない男女にはケンカも謝罪も発生しないんじゃないかな。

ワッコ　うちの両親は完全にそれでした。わたしが間に入って伝書鳩をすることでしか会話をしなかったくらいの夫婦なので、トラブルすら起こらなかった。当然、謝罪シーンも見たことがないです。

森田　なるほど……。お互いに謝らなくなるのって、おそらく謝罪自体に実質的な意味がほとんどなくなるからではないかと思う。自分が認めていない相手に謝られても、気持ちが「浮上する」ってことはないわけで。

清田　さっきのエンパワーメント効果の図で言うと、リスペクトがないということは、そもそも相手を「下」の地位に置いてるわけだからね。「下」に見てる人にさらに「下」**にもぐられてもエンパワーメントは発生しない**。だからお互いに認め合っている関係でないと、謝罪は実質的な効果を発揮しないのかもしれない。

ワッコ　フルチン土下座に浮上感がなかったのは、わたしが彼のことを全然リスペクトしてなかったからかも、と今思いました。

森田　謝罪はつくづく奥深い……。

清田　恋愛にはまだまだ発掘されていないテーマがありそうだね。

おわりに

人生がときめく恋バナの魔法

清田隆之

恋バナという言葉には、どことなく〝軽い〟イメージが付きまといます。誰と誰が付き合ったとか、最近恋人とうまくいってないとか、彼氏の浮気が原因で別れたとか。恋バナとは極めて個人的で、当人にとっては重大だけど第三者にとっては退屈な、そして多くの場合女性がするもの——と思われている節が確実にあると思います。

桃山商事は清田と森田が大学生のときにサークル活動のような形ではじまったものですが、「恋バナ収集って（笑）」、「男が恋バナ⁉」、「どうせ下心があるのでは？」などなど、怪しまれたり鼻で笑われた経験は数知れず……。ユニット活動じゃなかったら、絶対に続いていなかったと思います。

この本には恋愛のメインストリームである「モテ」や「愛され」の話は一切出てきません。でも、それ以外の話はたくさん出てきます。焼肉がカルビやハラミだけでないように、恋バナにももっと細かくて奥深いテーマがたくさんあるよ！という思いを込めてつけたのが「モテとか愛され以外の恋愛のすべて」というタイトルです（「はじめに」で唐突に牛のイラストが出てきたのもそんな理由からです）。

我々は恋バナをめぐり、「集める」、「分ける」、「つなげる」ということをひたすらやっているだけに過ぎませんが、私はこの活動を通じ、人生が劇的におもしろくなった感覚があります。たとえば思わぬ発見があり、脳が一気に活性化する（＝ユリイカ！）。また、誰かの体験と自分の体験が共鳴し、深いわかりみが発生する（＝コミュニケーション・オーガズム）。おしゃべりをしているだけで刺激やときめきや癒しが得られると思うと……恋バナって結構すごくないですか？　そんなことを、私は声を大にして言いたい！

本書に出てくるエピソードは、誰かの人生の断片です。どれも傷ついたりモヤモヤしたり浮かれたりやらかしたりした結果なので、切実で生々しくて貴重な話ばかりだと思います。個人的な体験の大半は、誰かに語られることなく消えていってしまいます。でも、こうしてタグをつけてピン止めしておけば、人類の歴史や財産になっていく……かもしれません。これこそが〝NEO恋バナ〟だ！という気持ちで、今後も恋バナ収集を続けていきたいと思います。誰かと無性に恋バナをしたくなったらぜひ「桃山商事」と検索してみてください。みなさんと一緒に恋バナできる日を楽しみにしています！

ワッコ

わたしが恋バナをはじめた理由

この本を手にとってくださったみなさま、はじめまして。係長のワッコと申します。

「つかお前誰⁉」、「桃山商事って男性ユニットだと思ってたんですけど⁉」という方がほとんどだと思いますので、大変遅ればせながら桃山商事に中途入社した経緯をこの場でお話しさせていただけたらと思います。

桃山商事のことを知ったのは２０１３年。昔からラジオ好きだったので、愛聴しているｐｏｄｃａｓｔのラジオ番組をダウンロードしながらボーッと画面を眺めているときのことでした。

好奇心から「セクシュアリティ」というジャンルに登録されている番組一覧を見ていると、何やらお尻のような形状のアイコンが目に飛び込んできました。セクシャリティ、尻（本当は尻ではなく桃でした）……これはいったい⁉　それが『桃山商事の二軍ラジオ』との出会いです。とりあえず１話、と思い聴いてみると同じ屋根の下に住む男性たちが

やたらキャッキャしており、いつしか更新されるたびに聴くようになっていきました。

いろいろあって後日、渋谷のすごくおしゃれなレストランで清田代表と佐藤広報に会ったときは、「おおー本物！」とテンション爆上がり。そのせいか胸と胃がいっぱいになってしまい（⁉）、名刺交換して着席した瞬間に強烈な吐き気を催してしまったのです……。好きな番組のパーソナリティに会うというのに出会って5秒で吐瀉。住めそうだな⁉というぐらいスタイリッシュなトイレに閉じこもりながら「ちくしょう」と涙が出ました。

体調不良でその日の記憶はほとんどないのですが、幸いにも「あのゲロの人」と代表たちの記憶に残ったようで、その後二軍ラジオに呼んでもらったり、ニコ生番組がはじまる2017年に「You来ちゃいなよ」と声をかけてもらったのです。人生何があるかわからないな。

というわけで、ニコ生番組で恋バナをさせていただくに至り、その後この本の元となったcakes連載にも参加させてもらうようになりました。

学生時代は処女をギンギンにこじらせていて、カフェで恋愛トークをしている女子学生を見かけるたびに「リア充自慢か……⁉」と睨みつけていたわたしですが、桃山商事の活動を通して「恋バナってこんなにもおもしろかったのか‼　もっとしておけばよかった!!」と感じている毎日です。

最後に、いつも刺激的なエピソードをくださるみなさんに大大大感謝しております。元ルームメイトの愛すべきビッチ〝アバちゃん〟はじめ、個性豊かすぎる大学の友人たち。24時間365日共に恋バナしていると言っても過言ではないぐらいのソウルメイト〝ブス〟たち。放送で温かくて冴え渡ったコメントをくださる視聴者のみなさま。いつも本当にありがとうございます。

これからも終わりなき恋バナの旅を楽しもうと思います！

『モテすべ』のできるまで

森田雄飛

ここまでお付き合いいただきありがとうございました。最後に私から、本書の制作プロセスをご紹介します。

本書の元になっている連載『桃山商事の恋バカ日誌』は、『二軍ラジオ』で取り上げたテーマをニコニコチャンネルの『恋愛よもやまばなし』でRemix的に語り直し、その話をテキストにまとめるというスタイルで制作しています。収録前にはメンバーそれぞれが二軍ラジオを聴き直しておき、収録では気になったエピソードを紹介しつつ、新たなエピソードを加えていきます。

連載で記事化するにあたっては、ワッコが文字起こしを、森田が執筆を担当し、原稿に清田とワッコが加筆修正をします。連載を本書にまとめ直す際には、いくつかのテーマは再度語り直したうえで、森田が全体の構成・執筆を行い、清田とワッコが大幅な加筆修正をしました。

このように、本書に載っているのは結構長い時間をかけて精選・熟成させてきた恋バナです。必ずしも長い時間をかければいいってもんではないのですが、同じエピソードを繰り返し語るなかで新たな発見があったり、それが別のエピソードと思わぬ形で接続したりする瞬間はいつだって刺激的で、だから恋バナはやめられないんだよなと思います。私たちが掘り続けている恋愛という大地は深くて広大です。

森田個人として、この場を借りて、定期的にエピソードを提供してくれる友人たちに感謝をお伝えします。特に〝いつもの先輩〟と〝漁師の娘〟さんには、『二軍ラジオ』時代から一貫してコンサルタントのようにコミットしてもらっていて、本書で述べている私の考えの多くは、おふたりとの議論を経ています。

それから、鼻毛問題からセックスの頻度まで、夫婦の秘部をさらすことに対して常に寛大な、妻の森田千恵さんに感謝とリスペクトを。彼女には、本書の制作にあたって多くの的確な意見をもらいました。

桃山商事として、次の方々に感謝をお伝えします。

ともに『二軍ラジオ』をつくり上げてきた初期メンバーの佐藤広報なくして、この本が生まれることはありませんでした。

ニコニコチャンネルに熱心にお声がけいただいた元ドワンゴの福永菜摘さん、ありがとうございました。同番組プロデューサー・山口博樹さんの情熱には圧倒されています。我々よりも『二軍ラジオ』に詳しい〝桃ペディア〟さんはじめ視聴者のみなさんからの示唆的なコメントは、本書の随所で紹介させていただきました。

なにかと執筆に時間がかかる私たちがcakesでの連載を続けられているのは、担当編集の榎本紗智さんが常に誠実に向き合ってくれるおかげです。

前著『生き抜くための恋愛相談』から引き続き辛抱強く編集を担当してくれたイースト・プレスの圓尾公佑さん、本書を素敵に彩ってくれたイラストレーターのオザキエミさんとtobufuneのデザイナー岩永香穂さん。素晴らしいお仕事をありがとうございました。

そしてオビに濃密な超絶推薦文を寄せてくれたライムスター宇多丸さん。10代の頃からのライムスターファンであり、タマフル／アトロクのリスナーであり、『ブラスト公論』の読者である私は、推薦文を拝読して落涙しました。ありがとうございました。

最後に、失恋ホストにいらしてくれた相談者の方々をはじめ、これまで私たちに恋バナを聞かせてくれたすべてのみなさまに感謝を申し上げます。

◎本書は、ウェブメディア「ｃａｋｅｓ」の連載「桃山商事の恋バカ日誌」（２０１８年２月～２０１９年３月）を改題し、加筆修正し構成しました。

文庫ぎんが堂

モテとか愛《あい》され以外《いがい》の恋愛《れんあい》のすべて

２０１９年６月20日　第１刷発行
２０１９年８月10日　第２刷発行

著者　桃山商事《ももやましょうじ》

ブックデザイン　タカハシデザイン室
本文デザイン　岩永香穂（tobufune）
本文イラスト　オザキエミ
ＤＴＰ　松井和彌
編集　圓尾公佑

発行人　北畠夏影
発行所　株式会社イースト・プレス
〒１０１－００５１　東京都千代田区神田神保町２－４－７　久月神田ビル
ＴＥＬ　０３－５２１３－４７００　ＦＡＸ　０３－５２１３－４７０１
http://www.eastpress.co.jp/
印刷所　中央精版印刷株式会社

ISBN978-4-7816-7184-0